U0799962

南方传媒智库丛书

奋进大湾区

2019“四个走在全国前列”
深调研

南方日报社◎编

南方日报出版社
NANFANG DAILY PRESS
中国·广州

图书在版编目（CIP）数据

奋进大湾区 ：2019“四个走在全国前列”深调研 /南方日报社编. -- 广州 ：南方日报出版社，2019.10

ISBN 978-7-5491-2108-3

Ⅰ. ①奋… Ⅱ. ①南… Ⅲ. ①区域经济发展－研究－广东 Ⅳ. ①F127.65

中国版本图书馆 CIP 数据核字(2019)第 224247 号

FENJIN DA WANQU

奋进大湾区——2019“四个走在全国前列”深调研

编　　者：南方日报社
出版发行：南方日报出版社
地　　址：广州市广州大道中 289 号
出 版 人：周山丹
出版统筹：阮清钰
责任编辑：蔡　芹
责任技编：王　兰
责任校对：肖　颖
装帧设计：劳华义
经　　销：全国新华书店
印　　刷：广州市岭美文化科技有限公司
开　　本：787mm×1092mm　1/16
印　　张：13.5
字　　数：280 千字
版　　次：2019 年 10 月第 1 版
印　　次：2019 年 10 月第 1 次印刷
定　　价：48.00 元

投稿热线：（020）87360640　　读者热线：（020）87363865

《奋进大湾区》编写组

主　编：谢思佳

编　辑：吴　哲　郑佳欣　黄应来　王　彪
谢庆裕　彭　琳　陈　颖　李凤祥

序

2019年是新中国成立70周年，也是全面建成小康社会的关键之年。习近平总书记指出："70年砥砺奋进，我们的国家发生了天翻地覆的变化。无论是在中华民族历史上，还是在世界历史上，这都是一部感天动地的奋斗史诗。"

举国振奋之时，2019年2月18日中共中央、国务院印发了《粤港澳大湾区发展规划纲要》，粤港澳大湾区将建成充满活力的世界级城市群、具有全球影响力的国际科技创新中心、"一带一路"建设的重要支撑、内地与港澳深度合作的示范区和宜居宜业宜游的优质生活圈。

建设粤港澳大湾区是习近平总书记亲自谋划、亲自部署、亲自推动的重大国家战略。总面积5.6万平方公里、总人口约7000万人的粤港澳大湾区，作为全国开放程度最高、经济活力最强的区域之一，正在向着国际一流湾区和世界级城市群稳步迈进。

站在新时代新起点，广东肩负新使命。2019年7月，广东正式发布《关于贯彻落实〈粤港澳大湾区发展规划纲要〉的实施意见》以及《广东省推进粤港澳大湾区建设三年行动计划（2018—2020年）》。这是广东推进大湾区建设的时间表、路线图和任务书——分"三步走"，百项任务，方向明确，布局缜密，全面推进。

《粤港澳大湾区发展规划纲要》发布以来，广东省委省政府全力部署，粤港澳大湾区建设成就瞩目：

——世界级港口群、机场群加速建设，港珠澳大桥、南沙大桥飞架珠江两岸，深中通道全速推进，以高速铁路、高速公路为支撑的“大湾区1小时交通圈”快速成型。

——电子信息、汽车、智能家电、机器人、绿色石化五个世界级先进制造业产业集群加快打造，通过发挥香港—深圳、广州—佛山、澳门—珠海强强联合的引领带动作用，链接中心城市优势资源的平台不断搭建，产业共建项目接连落地。

——广东省科技计划项目向港澳开放、省财政科研经费可跨境港澳使用等利好政策接连推出，多个国家大科学装置、省级实验室等创新平台建设如火如荼，吸引更多创新要素向广深港澳科创走廊集聚，具有全球影响力的国际科技创新中心已然在望。

建设一流湾区，呼唤媒体担当。为落实好国家战略，贯彻省委部署要求，助力粤港澳大湾区发展，南方报业传媒集团组织精干采编力量，开展“奋进大湾区——2019‘四个走在全国前列’深调研”，推出多组系列报道，引发了强烈反响，不少知名专家学者纷纷点赞。

立足全球视野，我们走向世界湾区，探寻世界级湾区实现高质量发展的实践经验。本书调研团队远赴日本东京湾区，走访政府官员、企业家和经济学者，从海外投资、新兴产业、人才战略等维度解读世界级湾区的建设密码。

依托智库转型，我们链接高端圈层，寻找粤港澳大湾区建设的“最大公约数”。我们与深度参与制定《粤港澳大湾区发展规划纲要》以及长期研究粤港澳大湾区发展的专家面对面交流沟通，链接南方经济智库搭建的专家库资源，探寻粤港澳大湾区建设的“天时地利人和”，从百年大变局的时空坐标厘清大湾区建设的优势、机遇与前景。我们冀望进一步建设好南方经济智库，就大湾区建设这一重大国家战略，构建起兼具高度和深度的持续性交流空间。

深入基层一线，我们走进现场，挖掘湾区加速腾飞的奋斗故事。我们在深调研中不断增强脚力、提升眼力、激荡脑力、磨砺笔力，以五大发展理念为脉络，梳理大湾区建设在全国一盘棋中的辐射带动作用，在工厂车间、实验室、交通枢纽、田间地头发现大湾区的新气象、新趋势和新动能，讲好大湾区好故事。我们希望此次深调研积累的得失经验、进行的理论探讨和获得的案例故事，能为大湾区下一阶段建设提供有效的参照和借鉴，担当好媒体使命。

如今的广东正奋力在实现“四个走在全国前列”、当好“两个重要窗口”的新征程上不断迈进。大湾区建设是粤港澳三地共同的事业。媒体不仅要做好观察者、记录者，更应成为参与者、推动者。粤港澳大湾区建设在路上，我们走访的脚步也将紧紧跟随，伴随粤港澳大湾区一路前行。

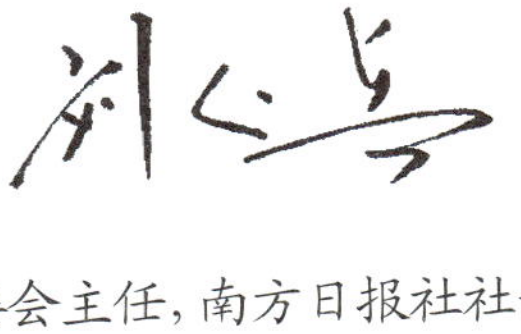

（作者刘红兵系南方报业传媒集团党委书记、管委会主任，南方日报社社长）

目 录/ CONTENTS

第五章 专家专访纵横谈 / 141

第一章 湾区发展新格局

建设粤港澳大湾区，是习近平总书记亲自谋划、亲自部署、亲自推动的重大国家战略。

2019年2月18日，党中央、国务院正式印发《粤港澳大湾区发展规划纲要》，大湾区建设进入了全面实施、加速推进的新阶段。

2019年7月，广东省委、省政府发布《关于贯彻落实〈粤港澳大湾区发展规划纲要〉的实施意见》以及《广东省推进粤港澳大湾区建设三年行动计划（2018—2020年）》。这是广东推进大湾区建设的时间表、路线图和任务书——分“三步走”，布局缜密，全面铺开；百项任务，方向明确，蓄势待发。

广东携手港澳，一步一个脚印，推动国际一流湾区和世界级城市群的美好愿景加快成为现实。

■ 广州南沙港

国家战略：
奋进大湾区　乘风破浪时

炎炎夏日，广州市南沙区龙穴岛上，深中通道沉管隧道首个管节钢壳顺利出运，意味着粤港澳大湾区的又一个“超级工程”取得突破性进展。

狮子洋入海口，南沙大桥一桥飞架，车辆往来穿梭。作为《粤港澳大湾区发展规划纲要》（以下简称《规划纲要》）发布后首个投用的重点工程、民生工程，南沙大桥打通了大湾区互联互通的新动脉。

若网在纲，有条而不紊。

2019年7月5日，广东省委、省政府正式发布《关于贯彻落实〈粤港澳大湾区发展规划纲要〉的实施意见》（以下简称《实施意见》）以及《广东省推进粤港澳大湾区建设三年行动计划（2018—2020年）》（以下简称《三年行动计划》）。这是广东推进大湾区建设的时间表、路线图和任务书——分“三步走”，布局缜密，全面铺开；百项任务，方向明确，蓄势待发。

此时，距离习近平总书记亲自见证《深化粤港澳合作推进大湾区建设框架协议》签署，恰好两年整。

特别是2019年2月18日《规划纲要》正式发布，大湾区建设进入了全面实施、加速推进的新阶段。广东携手港澳，一步一个脚印，推动国际一流湾区和世界级城市群的美好愿景加快成为现实。

号角再次吹响。大湾区愿景清晰可见，美好蓝图徐徐展开……

布局起笔就不凡

2019年9月20日，在中新广州知识城，广州粤芯半导体技术有限公司厂区正式实现量产。“我们2017年12月成立，2018年5月生产基地开始动工，不到两年的时间实现量产，这是世界级的速度。”粤芯半导体技术有限公司副总裁李海明说。

大湾区跑出新速度的背后，一个个重大项目快速起步、快马加鞭，让人们对这片热土的未来充满信心和憧憬。

大发展需要大战略，大战略需要大手笔。

建设粤港澳大湾区，是习近平总书记亲自谋划、亲自部署、亲自推动的重大国家战略。总面积5.6万平方公里、总人口约7000万人的粤港澳大湾区，作为全国开放程度最高、经济活力最强的区域之一，这幅铺陈在南海之滨的恢宏蓝图，注定起笔不凡。

2017年7月1日，习近平总书记在香港亲自见证国家发展改革委和粤港澳三地政府共同签署《深化粤港澳合作推进大湾区建设框架协议》。当年10月，习近平总书记在党的十九大报告中强调，要支持香港、澳门融入国家发展大局，以粤港澳大湾区建设、粤港澳合作、泛珠三角区域合作等为重点，全面推进内地同香港、澳门互利合作。

战鼓声声催人进，不待扬鞭自奋蹄。

2018年8月15日，粤港澳大湾区建设领导小组全体会议在北京召开。四天之后，广东省推进粤港澳大湾区建设领导小组全体会议在广州举行，“举全省之力推动粤港澳大湾区建设”的动员令迅速传遍南粤大地。

2019年2月18日，中共中央、国务院印发《规划纲要》，对粤港澳大湾区的发展目标、空间布局等方面作了全面规划。2月27日，广东省推进粤港澳大湾区建设工作会议在广州召开，“扎扎实实抓好《规划纲要》任务落地落实”的部署令掷地有声。

纲举目张，执本末从。

2018年8月以来，广东先后召开了四次推进粤港澳大湾区建设领导小组全体会议，深入学习贯彻习近平总书记关于粤港澳大湾区建设重要指示精神和粤港澳大湾区建设领导小组会议精神，确保大湾区建设始终有力有序有效推进。

广东大地，热潮涌动。基础设施互联互通、构建现代产业体系、港澳青年创新创业基地建设等6个专项小组相继成立，并提出“三步走”目标：到2020年，大湾区建设打下坚实基础，在规则相互衔接和资源要素便捷有序流动等方面取得重大突破；到2022年，基本形成活力充沛、创新能力突出、产业结构优化、要素流动顺畅、生态环境优美的国际一流湾区和世界级城市群框架；到2035年，全面建成宜居宜业宜游的国际一流湾区。

“湾区经济正在成为全球经济的重要增长极。粤港澳大湾区战略的提出顺应天时地利人和，是一种逻辑必然，更是一种规律使然。”在经济学家、国家发展改革委原副秘书长范恒山看来，粤港澳大湾区蕴藏着巨大的发展活力和潜力。

百舸争流千帆竞

2019年6月，经广东省政府同意，广东省发展改革委正式印发《东莞滨

■ 东莞滨海湾新区

海湾新区发展总体规划（2019—2035年）》。这是《规划纲要》出台后，广东省政府审议通过的首个省级新区发展规划。按照规划，新区建成后，从滨海湾站出发，乘坐轨道交通6分钟到达深圳、35分钟到达广州、40分钟到达香港，“大湾区1小时交通圈”将再添新优势。

对于这样的变化，来自香港的创客马颂祺早已习以为常。他的公司最早在香港起步，如今产品运营在广州，生产加工在东莞，硬件测试在深圳，他笑称“每周都要在大湾区这几个城市跑一圈”。

2018年10月23日，习近平总书记亲自出席并宣布港珠澳大桥正式开通。如今，港珠澳大桥口岸已实现24小时全天候货运通关，日均客流量超7万人次，港珠澳大桥已成为粤港澳三地要素流通的重要途径。

同样繁忙的还有广深港高铁香港段。港铁公司介绍，自2018年9月通车以来，截至2019年6月，广深港高铁香港段已接载超过1400万人次旅客往来香港和内地城市，日均乘客超过5.4万人次。

充满活力的世界级城市群，正焕发出越来越强的吸引力，而具有全球影响力的国际科技创新中心，让创新要素沿着新通道开启加速度。

2019年1月，广东省政府2019年“一号文件”——《关于进一步促进科技创新的若干政策措施》，即“科创12条”对外公布。其中，广东省科技计划项目向港澳开放、省财政科研经费可跨境港澳使用的改革突破，令不少港澳高校和科研机构大感振奋。

如今，广深港澳科创走廊串起了广州琶洲、东莞松山湖、深圳南山等数十个宛若明珠的创新产业园。舒糖讯息科技（深圳）有限公司CEO何耀威说：“香港科技企业的市场空间大大扩容了，在大湾区，我看到了未来发展的无限可能。”

打造成为“一带一路”建设的重要支撑，是粤港澳大湾区的另一使命。

2019年4月9日，来自日本及粤港澳三地的1000多名政商人士齐聚东京，参加由粤港澳三地政府联合主办的“粤港澳大湾区推介会”。“大湾区已成为日本经济界越来越重视的地区，日本企业非常关注粤港澳大湾区政策措施的落地。”日中经济协会专务理事杉田定大表示。

2019年6月20日，粤港澳三地政府携手在巴黎共同主办“粤港澳大湾区投资环境推介会”。像这样的推介会，这一年一共有10场。澳门基金会研究所副所长杨道匡建议，粤港澳大湾区城市可以联合起来，共同发起海上丝绸之路沿岸联盟。

内地与港澳深度合作示范区，为粤港澳发展提供新动能，也为内地与港澳更紧密合作提供示范。

2019年3月，财政部、税务总局联合下发《关于粤港澳大湾区个人所得税优惠政策的通知》；6月，广东省财政厅、国家税务总局广东省税务局公布《关于贯彻落实粤港澳大湾区个人所得税优惠政策的通知》，明确对在大湾区工作的境外高端人才和紧缺人才，其在珠江三角洲缴纳的个税税负差额，由九市政府给予财政补贴。至此，这一此前仅适用于珠海横琴、深圳前海的优惠政策，范围进一步扩大到大湾区。

宜居宜业宜游的优质生活圈，加强多元文化交流融合，建设美丽湾区。

2019年3月23日下午，1700名市民伴随着蒙蒙细雨，在从化马场观看了一场世界级水平的纯演示性速度马术比赛。这是从化马场自2018年8月正式投入使用以来首次举办赛事，也是香港赛驹首次在内地参与速度马术比赛。

香港青年施嘉祖说：“以前会觉得我是香港人，现在可以说，我是粤港澳大湾区人。”

时不我待奋勇先

闻鸡起舞，日夜兼程。

就在《深化粤港澳合作推进大湾区建设框架协议》签署两周年之际，广东推进粤港澳大湾区建设又出实招，正式发布《实施意见》以及《三年行动计划》。

广东省大湾区办负责人介绍，《实施意见》主要着眼长远发展，对标大湾区到2035年的建设目标，对未来十多年广东省要重点推进落实的大事要事进行谋划，突出战略性和协调性。《三年行动计划》主要是着眼中期安排，把近中期看得比较准的、可以加快实施的重点工作进行分工部署，进一步量化阶段性目标。

广东省委党校教授陈鸿宇认为，这两份文件紧紧围绕抓住建设粤港澳大湾区这个大机遇、写好这篇大文章这一主题，既坚持顶层设计统筹谋划，又坚持问题导向，敢出新招善出实招，是广东省“抓紧抓实办好”大湾区的工作方案和目标任务书。

踏石留印，抓铁有痕。广东正一步一个脚印，对照《规划纲要》列出了详细的“任务清单”，全省各地各部门将“按图施工”，循序推进，逐一落实。

湾区建设，交通先行。

粤港澳大湾区要发挥极点带动作用和强化轴带支撑功能，离不开交通等基础设施的互联互通。

2019年6月26日，横跨珠江口的跨江通道工程——深中通道的第一节沉管钢壳开始浮运，前往桂山岛的沉管预制厂进行混凝土浇筑。深珠通道正在加紧规划……珠江口东西两岸融合互动发展驶入快车道。粤港澳大湾区交通布局加快“落子”，大湾区将依托以高速铁路、城际铁路和高等级公路为主体的快速交通网络与港口群和机场群，加速形成高效连接的网络化空间布局。

湾区建设，产业为基。

全世界每生产10部智能手机，有一半是“广东制造”。改革开放以来，广东构建起以电子信息、家电和汽车为支柱的现代产业体系，这是建设粤港澳大湾区的坚实基础。《实施意见》提出，加快打造电子信息、汽车、智能家电、机器人、绿色石化五个世界级先进制造业产业集群，建设具有国际竞争力的先进制造业基地。

湾区建设，创新为核。

一条闪亮的“广州—深圳—香港—澳门”科技创新走廊正在粤港澳大湾区加速形成，越来越多的创新要素向其靠拢。这条科创走廊将创新资源串珠成链，形成重要的创新高地。创新合作，粤港澳三地优势互补，前景广阔。广东将携手港澳加快推进重大科技基础设施、重要科研机构和重大创新平台建设，面向重大科技领域持续攻坚，抢占科技竞争和未来发展制高点。

潮平两岸阔，风正一帆悬。承载着大湾区人民福祉和中国期待的粤港澳大湾区正在扬帆起航，加速向前。

撰稿：吴哲　郑佳欣　黄应来

■ 粤澳合作中医药科技产业园

创新发展：
打造全球科技创新高地

深圳福田的粤港澳青年创新创业工场，一场湾区科技人才招聘会正在进行；香港科技园，由香港高校团队与中国移动联合研发的5G自动驾驶车正在路段测试；澳邦药厂有限公司行政总监蔡健华频繁往返珠海横琴与澳门两地，他所在的公司于2019年4月入驻了粤澳合作中医药科技产业园……

这些湾区创客的故事，是粤港澳大湾区科技创新的一道亮丽风景。数据显示，当前湾区内有超过4万家高新技术企业，超过40万名从事研发的科学家和工程师。

2019年7月发布的《实施意见》以及《三年行动计划》，明确提出分“三步走”推进粤港澳大湾区建设，到2035年，形成以创新为主要支撑的经济体系和发展模式。

随着粤港澳三地创新要素加速流动，一个具有全球影响力的国际科技创新中心正加快形成。

从源头抓起 》》
打造原始创新的重要策源地
到2020年，力争大湾区内地实现R&D占GDP比重达到2.8%

2019年6月29日，《麻省理工科技评论》发布了2019年“50家聪明的公司”榜单，包括华为、腾讯、优必选等在内的多家粤港澳大湾区科技企业榜上有名。

华为董事、战略研究院院长徐文伟表示，过去三十年，华为主要是基于客户需求的技术和工程创新以及解决方案的创新，即创新1.0；而面向未来，华为的创新将迈向基于愿景的基础理论突破和基础技术发明的创新，即创新2.0。

大疆创新第二次上榜，两次上榜理由分别为“在无人机领域的持续创新”以及“设计出仅有116克的微型手持云台相机”。作为全球消费级无人机领军企业，大疆创新一直坚持原始创新。其官方数据显示，截至2019年4月，大疆创新全球专利申请数量已超过9100件，全球授权专利超过3100件，连续多年PCT专利申请量位居中国公司前十。

原始创新，一直被视为粤港澳大湾区在科技创新方面的弱项。对此，《实施意见》明确提出要“加强创新基础能力建设”，携手港澳加快推进重大科技基础设施、重要科研机构和重大创新平台建设，在重要科技领域、新兴前沿交叉领域提升原始创新能力，“打造重大原始创新的重要策源地”。

“我们留意到《实施意见》对提升原始创新能力的重视，让优必选这样的人工智能企业很受鼓舞。”优必选创始人兼首席执行官周剑说，正是一直

■ 随着5G时代来临，腾讯将创新聚焦5G+AI（人工智能）双轮驱动

坚持在机器人伺服舵机技术上原始创新，该公司才能在短短6年时间里估值超过40亿美元。

北京大学汇丰商学院教授肖耿指出，在粤港澳大湾区内，正涌现出越来越多像华为、大疆创新、优必选等源头创新型的科技企业，这是非常可喜的现象。“唯有源头创新的科技企业才有机会和实力抢占全球科技创新高地。”

源头创新，需要企业对关键核心技术持之以恒地投入。

从另一家大湾区龙头企业腾讯过去五年的财务报表来看，腾讯的研发投入占营业总收入的平均值为7.94%。企业主体投下的研发力量，正在转变成增长的动力源，带来了营收和利润的双增长。2019年5月，腾讯公布了2019年第一季度财务报表，营收854.7亿元，同比增长16%；净利润为272.1亿元，同比增长17%。

随着5G时代来临，腾讯将创新聚焦到了5G+AI（人工智能）的双轮驱动。2019年3月举行的IT领袖峰会上，腾讯董事局主席马化腾表示：“5G是一把钥匙，能够帮我们解锁原来难以数字化的现实场景，腾讯的创新永不止步。”

原始创新的集聚式涌现，是湾区企业在自主创新征程上奋蹄疾进的生动写照，也是角逐全球科技高地的关键一环。

集聚核心要素 》》
加快重点创新平台建设
打造三大科技创新合作区

只用一瓶水就可以洗干净一辆车的节能清洁产品，国内首台全自主研发产品级高端广播级高清高速摄像机，可在不同条件下改变色彩和性能的柔性结构化变色材料……2019年6月，在广州举办的第十六届中国国际中小企业博览会上，众多来自粤港澳大湾区企业的创新产品令人目不暇接。在这背后，是粤港澳三地创新的澎湃动力不断汇聚。

——借5G东风，华为、腾讯等企业积极布局人工智能、云计算等产业蓝海，抢占创新发展新高地。

——碧桂园子公司广东博智林机器人公司和清华大学、香港科技大学等高校在机器人研发、智能制造等方面达成战略合作。

——大疆创新在全球消费级无人机市场占据优势，云洲智能全国首创海洋高速无人船打破技术垄断，从天到海，展现了从基础研发到产业化的全链条创新能力。

问渠那得清如许，为有源头活水来。

《三年行动计划》提出，在深港科技创新合作区及深港双方毗邻区域、珠海横琴粤澳合作中医药科技产业园及周边适宜开发区域、广州南沙粤港深度合作区及庆盛科技创新产业基地等区域，建设三大科技创新合作区。

其中还提到，在珠海横琴粤澳合作中医药科技产业园及周边适宜开发区域主要开展财税政策。

“听到财税政策的利好消息，我们园区的科技企业都很振奋，这是实实在在的优惠。”蔡健华所在的公司2019年4月入驻了横琴粤澳合作中医药科技产业园，他表示，希望借助粤港澳大湾区发展的东风，将产品销售到更多一带一路葡语国家。

近年来，从三大科技创新合作区到粤港澳大湾区11座城市，重点创新平台成为推动湾区经济高质量发展的强大动力。

与此同时，减税降费、机制体制创新不断取得新突破，进一步助推粤港澳大湾区创新发展迈上新水平。2019年1—4月，广东新增减税672.7亿元。仅深化增值税改革政策落地首月，增值税减征税额达130亿元，减税幅度达27.3%。

“关键核心技术买不来、讨不来，必须靠自主研发。我们准备新建总部基地，工程预算10亿元，把减税降负的红利直接转化成企业的科研资金。”周剑如是说。

如何让三大科技创新合作区形成创新生态圈？科研成果快速转化至关重要。《实施意见》也提出，支持掌握关键核心技术、拥有自主知识产权的港澳科技人才或团队在大湾区内地落地转化科技成果。

在澳门科技大学的人工智能实验室里，高校团队正在进行新一轮的产品内测。校长刘良表示，目前学校与广深等多地企业联合生产的商业机器人已逐步市场化，“随着《实施意见》的推进，我们期待更多港澳科技团队在湾区内地落地转化科研成果。”

重塑产业格局》》

聚焦七大战略性新兴产业
形成若干产值超万亿元的新支柱产业

“我们创业的目标很清晰，就是争做全球人工智能3D机器视觉技术细分领域的领军企业。”深圳显扬科技创始人、总经理丁克说，公司研发的是机器人最核心的部件，通过3D机器视觉技术实现三维精准定位，可在复杂的应用环境中自动感知物体位置。

越来越多初创企业选择从新兴产业切入全球创新链，成为新兴产业策源地建设的一股重要力量。新兴产业加速崛起，正在重塑大湾区的产业格局。

《实施意见》提出，要培育壮大战略性新兴产业。依托香港、澳门、广州、深圳等中心城市的科研资源优势和高新技术产业基础，聚焦新一代信息技术、高端装备制造、绿色低碳、生物医药、数字经济、新材料、海洋经济等战略性新兴产业，实施一批战略性新兴产业重大工程，形成若干产值超万亿元的新支柱产业。

2019年5月，2019世界超高清视频（4K/8K）产业发展大会在广州召开，广东超高清视频产业发展试验区建设正式启动。根据最新规划，力争到2022年，广东省超高清产业视频总体规模超8000亿元，建成3个世界级超高清视频产业集群。

在香港科技园，由香港高校团队与中国移动联合研发的5G自动驾驶无人车正在进行部分路段测试。项目负责人表示，5G与自动驾驶是全球产业未来的风口，香港拥有全球领先的高校基础科研实力，希望通过与内地合作尽快实现商业应用。“日前发布的这两份文件，充分肯定和鼓励企业布局前沿技术和新兴战略产业，我们更有动力去探索。”

战略性新兴产业强势崛起，正在重塑大湾区产业格局。其中，广深港澳科创走廊的连接作用也越来越凸显。在这条走廊上，人才、技术、资本等创新要素流动重组，成为壮大战略性新兴产业的加速器。

《实施意见》提出，要推动“广州—深圳—香港—澳门”科技创新走廊建设，以沿线的科技（学）城、高新区、高技术产业基地等创新载体建设为抓手，打造创新要素流动畅通、科技设施联通、创新链条融通的跨境合作平台。

在深圳福田粤港澳青年创新创业工场，来自湾区不同城市的创业团队汇聚于此。创业工场位于深圳和香港的交界处，从玻璃窗望去便是一河之隔的香港。每天清晨，不少香港青年从福田口岸过关，开始一天的大湾区通勤。

香港创客何耀威就是其中一个，每天往返深港两地，他创办的舒糖讯息科技（深圳）有限公司刚刚完成了第四轮融资。“我留意到，《实施意见》

■ 深圳福田粤港澳青年创新创业工场，一河之隔便是香港

研究允许科研、医疗仪器设备及药品在港澳和大湾区内地异地购置使用政策。这对于高端医疗企业非常重要，整个行业都期待有新的突破。”

受益于科创走廊的连接作用，创新正在跳出城市之间的联动，立足整个粤港澳大湾区，面向全球整合资源，若干产值超万亿元的新支柱产业加快形成。

撰稿：彭琳　王彪　王佳欣

■ 广清产业园

协调发展：
大湾区引领　共绘区域协调新画卷

肇庆至香港高铁于2019年7月开通后，两地车程缩短至1小时20分钟，粤港澳检测认证产品扩展到“3C目录内所有产品”，50个省级现代农业产业园园内农民收入水平高于当地全县平均水平24.6%……粤港澳大湾区交通效率不断提升，产业协同持续加强，城乡融合发展取得新成效。

自2013年起，珠海横琴、深圳前海实施港澳台居民、境外高端人才个人所得税税负差额补贴政策。2019年，这一利好政策范围拓展到珠三角九市。这是协调发展不断深化的新实践。

从部分城市的单点突围到多个城市的“抱团”发展，继而迈向城乡融合发展，到构建“一核一带一区”区域发展新格局，粤港澳大湾区区域发展格局的演变优化，已经成为广东贯彻落实协调发展理念的重要实践。

2019年7月5日，广东发布《实施意见》以及《三年行动计划》。《实施意见》提出，到2022年，分工合理、功能互补、错位发展的城市群发展格局基本确立；到2035年，区域发展协调性显著增强，对周边地区的引领带动能力进一步提升。

构建新格局》》
推进“一核一带一区”建设全面对接大湾区

深中通道首个管节有望在2019年底沉放，多条珠江三角洲城际铁路在加紧推进……从隧道到轨道交通，一张覆盖广东全省主要城市的现代交通网络正串联起广东“一核一带一区”区域发展新格局的脉络，带来的是人口、产业和资金的快速流动，是协同发展效应的不断增强。

香港、澳门、广州、深圳四大中心城市是粤港澳大湾区发展的核心引擎。《实施意见》提出，发挥极点带动作用。发挥香港—深圳、广州—佛山、澳门—珠海强强联合的引领带动作用，推动大湾区深度参与国际合作，提升整体实力和全球影响力。

近年来，链接中心城市优势资源的平台不断搭建，产业共建项目接连落地。

——香港科技大学与福田区创新创业项目签约，打响了香港高校创新资源落户合作区的“第一枪”。

——珠海出台了支持粤澳合作中医药科技产业园发展的16条专项措施，并联合澳门大学共建横琴·澳门大学产学研示范基地。

——广州南沙与佛山顺德签约，在粤港澳大湾区背景下谋划两地交通互联互通、产业、城市规划建设、文化等全方位合作。

两年间，广东还充分发挥广州、深圳以及珠海、佛山、东莞、中山等重要节点城市在产业、资金、人才等方面的优势和辐射带动作用，依托8个市级共建园和43个县区（镇）共建园。从2018年到2019年4月，全省累计吸引337个超亿元工业项目落户共建园区。

2019年7月，《东莞滨海湾新区发展总体规划（2019—2035年）》获得批复，成为《粤港澳大湾区发展规划纲要》发布以来广东省政府审议通过的首个省级新区发展规划。2019年以来，OPPO智能制造中心项目、正中创新综合体项目、滨海湾中央农业公园综合体等项目在该区接连落地。

在广州南沙新区，这里正在以南沙为副中心形成半小时交通圈，南沙科学城将打造成粤港澳大湾区前沿科学研究和高技术应用的创新高地。

“粤港澳大湾区的建设依托于湾区内各城市、地区自身高质量的发展，更有赖于各城市地区之间彼此合作、相互促进格局的形成。”国务院发展研究中心发展战略和区域经济研究部部长侯永志表示。

《实施意见》提出，强化轴带支撑功能。依托以高速铁路、城际铁路和高等级公路为主体的快速交通网络与港口群和机场群，加快形成高效连接的网络化空间格局。

借助现代交通的快速迈进，粤东粤西粤北也纷纷搭平台、引产业，全面对接大湾区，将发展势能转化为源源不断的发展动能。

——在清远市清城区石角镇的广清产业园，金发科技产业基地等重点项目正助力其打造高分子新材料产业集群。

——在揭阳滨海新区粤东新城，通过引入中委广东石化炼化一体化、海上风电、中海油LNG等临海重大产业项目，一个国家级临海产业重要集聚区正在这里快速崛起。

——深汕特别合作区积极利用海洋智慧港、深汕湾科技城、深汕科技生态园等平台的后发优势，争取布局机器人、人工智能、海洋科技等领域的重大科技专项。

——云浮与粤澳中医药科技产业园开发有限公司签署战略合作协议，助力云浮南药产业从资源输出型向高附加值的深加工产品转型。

在各城市之间的产业互补协同下，珠江三角洲核心区的新技术、新产业不断涌现，沿海经济带东西两翼现代产业快速成型，北部生态发展区经济增长明显加快。

2019年1—5月，广东完成固定资产投资额同比增长10.7%，高于年度目标1.7个百分点，外贸进出口同比增长1.4%。

其中，粤东地区进出口591.9亿元，比2018年同期增长8.1%。位于粤北的云浮，1—5月规模以上工业企业增加值同比增长6.6%，和2018年同期相比提高了6.3个百分点，固定资产投资额同比增长11.8%，和2018年同期相比提高了9.1个百分点。

展现新气象》》

省级产业园农民收入高于当地平均24.6%

仲恺农业工程学院教授柳建良带领的专家团队，在连平县鹰嘴桃产业园，推广鹰嘴蜜桃4.0关键技术、水果无损分级技术，在当地得到广泛运用；四季绿公司20多名骨干技术和研究人员为惠阳蔬菜产业园及惠州蔬菜产业的发展贡献了力量；省农科院在全省的现代农业产业园开展科研攻关64项，品种引进95个，集成技术推广86项，科技成果转化40项，人才科技培训1444人次，得到产业园地方政府和建设主体的高度认可……

这些都是广东省农业科技团队服务现代农业产业园的鲜活案例。据省农业农村厅统计，截至2019年4月30日，有123个专家团队对46个产业园开展了859次对接服务，服务天数（人/天）5048天。

“实施乡村振兴战略，推进农业供给侧结构性改革、农村人居环境整治、精准脱贫和农业产业园区建设。”《三年行动计划》提出要促进城乡区域融合发展，其中现代农业产业园建设是重点工作。

2018年初，广东省提出按照“一年全面启动、两年初见成效、三年较成体系”的目标要求来推进现代农业产业园建设，最终形成“百园强县、千亿兴农”的产业兴旺新格局。通过一年多的推进，建设现代农业产业园一定

清远英德市红茶省级现代农业产业园里的茶叶种植基地

程度上带动了粤东粤西粤北地区的城乡区域融合发展。初步统计，实施第一年，50个省级产业园园内农民收入水平高于当地全县平均水平24.6%，取得阶段性成效。

“实施乡村振兴战略，推进农业供给侧结构性改革、农村人居环境整治，打好精准脱贫攻坚战，加快补齐农村基础设施和公共服务短板。”《实施意见》提出要促进城乡融合发展。

事实上，实施乡村振兴战略支撑城乡协调发展，不仅体现在农业产业的带动，还在于农村人居环境的改善。

“见缝插绿，完全体现自然美”“把拆除的旧物件都合理利用起来，既省钱又留住了乡愁”“旧墙翻新，街头巷尾的墙画，简洁明了，赏心悦目”……走进珠海市斗门区莲江村、南门村，人们纷纷感慨美丽乡村建设给村庄带来的变化。

据广东省农业农村厅提供的数据显示，截至2019年3月底，全省76.9%的自然村启动了农村环境基础整治，其中广州、珠海、佛山、汕头、惠州、东莞、中山、江门八市全面启动村庄环境整治；2277个省定贫困村有98.7%的自然村完成了基础整治任务，村庄脏乱差面貌得到有效遏制。

打开新空间 》》
辐射周边区域协调协同发展

2019年7月，对接粤港澳大湾区的投资逾10亿元的产城融合项目，在位于肇庆和梧州市交界处的粤桂合作特别试验区开工建设。

该试验区是珠江—西江经济带的重要组成部分，也是中国唯一的横跨东西部省际流域合作试验区。2019年以来，该区推进制度改革创新、基础设施建设、招商引资等工作，新签约项目15个，合同投资额26.7亿元，竣工项目5个，在建项目17个。

《实施意见》提出，以粤港澳大湾区为引领，统筹大湾区与粤东粤西粤北地区生产力布局，带动珠江—西江经济带创新绿色发展，推动大湾区与周

■ 连通海南的“桥头堡”——湛江海安港

边区域协调、协同、共同发展。

如今，粤桂两省（区）正积极推进落实《全面对接粤港澳大湾区 粤桂联动加快珠江—西江经济带建设三年行动计划》，携手在对外开放、交通基础设施互联互通、重点合作平台建设、生态环境保护、公共服务对接等领域不断提升合作水平，推动珠江—西江经济带高质量发展。

沿着贵广、南广高铁继续延展，粤桂黔三省（区）以高铁为纽带，通过“省市政府推动、龙头企业带动、沿线区县联动”，推动粤桂黔高铁经济带、合作试验区“一区三园”建设，探索东中西部合作协调发展新路径。

如今，高铁沿线13个城市间建立起密切的商务联系。在佛山狮山镇，广东省重点建设工程——粤桂黔高铁经济带合作试验区（广东园）正在加紧建设。根据规划，在贵广、南广高铁经济带合作机制框架下，将建立省、市、试验区三级联动协调机制，有效支撑珠江—西江经济带和泛珠三角区域合作战略。

除了向西推动粤桂黔合作，湛江正在谋划向南与海南岛加速从隔海相守走向跨海融通。

湛江国际机场建设提速，湛海高铁项目有望在2019年底开工，琼州海峡水上飞机也将于年内开通，徐闻南山客货滚码头主体工程已经竣工，力争2019年10月建成开港……随着车、客、货黄金通道加快构筑，湛江正与海南携手推进琼州海峡港航一体化，加快构筑跨琼州海峡的车、客、货黄金通道，共建琼州海峡半小时经济圈。

《实施意见》提出，加强粤港澳大湾区建设与京津冀协同发展、长江三角洲区域一体化发展、长江经济带发展、海南自由贸易试验区和自由贸易港建设的协调对接。

随着广州经湛江至海口、赣州至深圳等铁路项目的建成投用，粤港澳大湾区未来与长江三角洲区域、海南自由贸易试验区等的经济联系也将更加紧密，各区域之间的创新、产业、文化和城市功能之间的协作也将更加凸显，在中国沿海沿江勾勒出协调发展的恢宏画卷。

撰稿：王彪　黄进　魏金锋

■ 深圳盐田

绿色发展：
打造天蓝山绿水清美丽湾区

“建设生态安全、环境优美、社会安定、文化繁荣的美丽湾区”是《粤港澳大湾区发展规划纲要》提出的重要目标。

《实施意见》以及《三年行动计划》这两份文件用专节部署“推进生态文明建设”，为美丽湾区建设明确了路线图和任务书。

绿水青山就是金山银山。《实施意见》提出，实行最严格的生态环境保护制度，携手港澳加强污染联防联治，推动形成绿色发展方式和生活方式，实现粤港澳大湾区天更蓝、山更绿、水更清、环境更优美。

珠江三角洲森林城市建设不断拓展，绿色生态水网越织越密，蓝天白云与清新空气相伴，绿色低碳生活方式逐渐形成……如今，生态文明建设在粤港澳大湾区蓬勃推进，一幅天蓝、山绿、水清的美丽湾区画卷正在徐徐展开。

筑牢生态防护屏障 》》
2020年大湾区内地森林覆盖率达52%

粤港澳大湾区背山面海、三江汇流，地理环境优越，具有良好的生态资源禀赋，守护好这里的青山绿水，是大湾区实现绿色发展、高质量发展的重要保障。对此，《实施意见》将“筑牢生态防护屏障”放在粤港澳大湾区生态文明建设的首要位置。

走进肇庆四会市罗源镇，这里四面环山，山林隽秀，五大水库如绿宝石般镶嵌在群山之中，村落中苗木花卉、水产蔬果等特色农业发展欣欣向荣，让人感受到优良生态环境带来的勃勃生机。

在粤港澳大湾区，森林小镇建设作为《实施意见》中提到的“加快建设珠三角国家森林城市群”的重要抓手，正将生态防护屏障筑牢到镇村的“最后一公里”。

2018年底，珠江三角洲地区九市全部建成国家森林城市，实现了“国家森林城市”全覆盖，“珠三角国家森林城市群”雏形初现，为粤港澳大湾区全面建设构建了生态安全新格局。

“到2020年，全省将建成200个森林小镇，珠三角地区50%以上建制镇将达到森林小镇评价指标标准。”省林业局局长陈俊光表示。

根据《实施意见》，在“珠三角国家森林城市群”加速提质的同时，全省还要加强珠江三角洲周边山地、丘陵及森林生态系统保护，建设北部连绵山体森林生态屏障，深入实施新一轮绿化广东大行动。到2020年，大湾区内地森林覆盖率要达到52%。

不仅森林生态屏障在大湾区延绵，绿色生态水网也在大湾区“越织越密”。

宽阔的东平河畔，佛山最大的城市中心湿地公园——滨江湿地公园呈带状沿河而建，这片由长约8公里的滨河片区改造成的城市公园林荫密布、繁花盛开。碧水长流广场、浪花平台等景观应接不暇。紧邻湿地，未来的佛山CBD——佛山新城栋栋高楼正在崛起。这条佛山新城东平河绿道，目前仍在不断完善，力争打造成绿道的另一个升级版——碧道。

作为广东省委、省政府的重要部署，广东万里碧道工程已明确总长度180.09公里的“1+10”个省级试点，其中大湾区碧道试点作为重点建设的“1”，分布于广州、深圳、珠海、佛山、惠州、东莞、江门、肇庆八市，长度达97.79公里，占省级试点长度的一半以上。

《实施意见》进一步提出，推进珠三角绿色生态水网建设，建立湿地保护分级体系，加快建设一批湿地公园，健全河长制、湖长制，强化与港澳水生态环境保护领域合作，打造区域水生态文明建设合作典范。

广东省河长办相关负责人介绍，作为推行河长制湖长制的重要抓手，万

■ 深圳坪山大山陂绿道

里碧道将坚持山水林田湖草系统治理，打造为“清水绿岸、鱼翔浅底、水草丰美、白鹭成群”的生态廊道，成为老百姓美好生活的好去处。

一方迷人的“水鸟天堂”也即将形成。就《实施意见》提出“建设粤港澳大湾区水鸟生态廊道”的部署，广东省林业局表示，将组织编制和落实相关区域规划，推进山体、水体、生态廊道的整体连接，提供更多的栖息地给珍稀野生水鸟“安家落户”。

加强环保和治理 »»
提升重要江河水质消除劣Ⅴ类断面

绿色发展不仅需要守护好山好水好生态，也需要主动推进环境综合治理，打好蓝天保卫战与碧水攻坚战。

一声开工令下，机器轰鸣，吊臂此起彼伏。2019年5月6日，粤港澳大湾区又一超级工程——珠江三角洲水资源配置工程全面开工建设。该工程将把清澈的西江水东引，为广州南沙及上百公里外的珠江东岸城市“解渴”。

西水东送的背后，是广东保护水资源、治理水环境的持续努力。

《实施意见》对加强环境保护和治理作出了系统部署，提出实施东江、西江及珠江三角洲河网区污染物排放总量控制，实施重要江河水质提升工程，全面消除劣Ⅴ类断面。《三年行动计划》则明确，到2020年，基本消除大湾区内地城市建成区黑臭水体。

2018年，广东开展水源地保护环境整治专项行动，建立问题清单，逐一整治销号，2018年底如期完成925个地级饮用水源地环境问题整治。2019年，广东又启动县级饮用水水源地环境问题清理整治。

同时，广东继续攻坚治水短板。2018年底，广东省污染防治攻坚战指挥部发布1号令，要求攻坚深圳河口等9个劣Ⅴ类国考断面。各级河长、湖长高位推动治水，目前广东已设立省、市、县、镇、村五级河长37871名、湖长476名，加上村民小组设立的河段长兼巡河员，总人数超过15万名。

一座座环保基础设施建设快马加鞭，如江河卫士般守护着大湾区的绿色家园。2018年全省新增生活污水处理能力159.2万吨，新建成配套管网将近8000公里，连续两年刷新纪录。

“2019年以来全省国考断面的水质同比好转。”广东省生态环境厅相关负责人表示，2019年1—5月，71个地表水国考断面水质优良率（Ⅰ—Ⅲ类）为73.2%，县级、地级以上市集中式饮用水源水质实现100%达标。全省劣Ⅴ类国考断面从9个降至6个。在原来为劣Ⅴ类水体的深圳河口，随着水环境改善，如今70公顷天然红树林枝繁叶茂，水鸟在湿地觅食栖息已颇为常见。

《实施意见》还提出，完善粤港澳区域大气污染联防联治合作机制，采取硬措施整治大气污染。打开粤港澳区域空气监控网络，23个站点显示着表征空气优良的一片黄绿色。

这个从2005年开始运行，并在2014年监测范围从粤港扩展至粤港澳三地的监控网络，是粤港澳以环境信息共享推动联防联控的成果。

2006年至2018年，监测网络测得的二氧化硫、二氧化氮、PM10的年平均值分别下降了81%、28%及36%，呈现明显下降趋势，在2014年9月才纳入监测网络的PM2.5年平均值相比2015年下降了13%。

“这反映近年粤港澳联合或独立推行的减排措施，包括要求发电厂安装脱硫设施、制定及收紧车辆的排放标准，淘汰较污染工业设施等，已对珠三角区域的整体空气质量带来改善。”广东省环境监测中心专家分析。

2019年1—5月，广东珠江三角洲九市空气优良天数比例为95.7%，同比上升5.7个百分点，其中PM2.5平均浓度为28微克/立方米，同比下降20.0%。空气质量持续改善，蓝天白云已成为粤港澳大湾区城市的亮丽名片。

创新绿色低碳发展模式》》
变革生产生活方式
粤一半电能来自清洁能源

生态文明成果要为粤港澳大湾区群众共享，更要建立绿色低碳发展的模式，形成共建共治共享的绿色发展新格局。

《实施意见》提出，建设绿色发展体系，变革传统生产方式、生活方式、消费方式，实现绿色低碳循环发展。

一辆辆绿色牌照的新能源车在路面穿梭。“相比原来节约了很大一部分油费，这也为改善空气质量出了一份力。”2019年刚换新能源车的谢先生表示，如今在粤港澳大湾区不少城市，绿色低碳的生活方式正在加速形成，令绿色出行成为时尚。

《实施意见》提出“大力推进公交电动化和其他领域新能源汽车推广运用，加快充电设施网络建设”。2018年，全省新增纯电动公交车17456辆，公交电动化率达到81%，继深圳之后，广州、珠海也实现公交100%电动化。

新能源汽车加速推广，燃油汽车排放标准也再度收严。2019年7月1日起，广东提前实施机动车“国六”排放标准，预计半年可减少蒸发类碳氢化合物（HC）约2万吨；到2030年，单年蒸发排放的减排效益预计能够达到34万吨以上，将有效改善珠江三角洲空气质量。

不仅交通出行，产业和能源供应上也积极“调结构”。《实施意见》提出，调整产业结构、能源结构，加快落后产能退出，完成“散乱污”工业企业（场所）综合整治。

广东省生态环境厅提供的数据显示，2018年，全省排查“散乱污”工业企业（场所）10.7万家，完成整治约5.6万家。全省陆续关停156.5万千瓦燃机机组，高污染燃料禁燃区面积达到2.1万平方公里。《三年行动计划》提出，广东省还将继续开展造纸、印染、制革等高污染行业清洁化改造。推进粤港清洁生产伙伴计划，推动佛山南海国家环境服务业华南集聚区、粤澳（江门）产业合作示范区环保产业园、肇庆环保科技城等节能环保产业基地建设。

与此同时，广东大力发展绿色清洁能源，为大湾区发展注入源源不断的绿色新动能。

在广东沿海，一个个大风车矗立海上带来源源不断的电能；在珠海高栏港海边，满载LNG的巨轮正在靠岸；在横琴岛上，一个高可靠性配电网和智能配电网已经搭建成形……一个清洁低碳、安全高效的能源体系正在构建当中，2018年，广东近1/2电能来自清洁能源。

创新的市场机制也将助推粤港澳大湾区绿色低碳发展。《实施意见》提出，推动建立大湾区绿色产品标准、标识和认证制度；深化碳排放权交易试点，低碳城市、城镇试点示范。

广东省生态环境厅介绍，在粤港澳三地持续推动下，粤港认证机构已签署《关于共同合作开展碳标签的谅解备忘录》，两地碳标签互认机制取得阶段性进展。截至2018年，全省碳排放交易市场累计成交配额9374万吨，成交金额18.60亿元，成为国内首个配额现货交易额突破15亿元的试点碳市场。

接下来还将推进广州、深圳、中山等国家低碳城市试点，支持佛山禅城低碳发展示范区建设和中山小榄北区近零碳排放社区建设，实施近零碳排放区示范工程试点项目。一个绿色低碳、生态优美的粤港澳大湾区正在加速形成。

撰稿：谢庆裕　黄叙浩　张子俊　刘倩　黄进

■ 深中通道建设现场

开放发展：
内联外通　大开放成就大未来

2019年7月4日12时，经过连续10小时的精心施工，世界最大跨径海中悬索桥——深中通道伶仃洋大桥东索塔首个巨型钢吊箱成功下放到位，这意味着深中通道建设正顺利推进中。未来，从中山出发，30分钟即可到达深圳宝安机场，一小时内通达周边四大机场和深水港。

港珠澳大桥、南沙大桥、深中通道……一系列超级工程构建起粤港澳立体交通基础设施，不仅激活粤港澳大湾区内11座城市的交通脉搏，更为粤港澳大湾区加快形成全面开放新格局插上腾飞的翅膀。

互联互通打开全面对外开放的新空间。在2019年5月底举行的广东省—苏黎世州金融圆桌会议上，来自苏黎世的金融家们特别关注粤港澳金融对外开放的政策。在他们看来，外资金融机构要参与粤港澳大湾区建设，把握中国金融对外开放新机遇。

2019年7月5日，广东省发布《实施意见》以及《三年行动计划》明确提出，实现粤港澳开放资源融合、开放优势互补、开放举措联动，引领形成陆海内外联动、东西双向互济的开放格局，打造“一带一路”建设重要支撑区。内联外通、开放共融，一个由交通基础设施先行、投资贸易金融等全面融合的大开放格局正在打开粤港澳大湾区的大未来。

互联互通 》》
便利湾区：2020年湾区内地轨道交通里程2400公里

2019年4月28日，南沙大桥海鸥岛收费站、番莞高速一期开通，标志着

■ 深中通道工程首节沉管隧道钢壳

南沙大桥全面通车。作为粤港澳大湾区几何中心的交通枢纽，南沙大桥直接连通“黄金通道”广深高速，将使大湾区互联互通再上台阶。

2018年，港珠澳大桥的通车打通粤港澳大湾区互联互通的快速通道。而在不久的将来，在珠江这条粤港澳大湾区的黄金水道上，又将有两条新的跨江通道屹立两岸：广州南沙区龙穴岛上的工厂内，一节节海底隧道沉管的钢壳正在紧张有序地生产，预计2024年建成通车的深中通道已经进入整个项目最难的“沉管隧道时光”。连接江门和珠海的黄茅海大桥，工程可行性报告顺利通过评审，将在2020年正式开工建设，与港珠澳大桥、虎门大桥、黄埔大桥、南沙大桥、深中通道以及正在进行前期筹建的莲花山过江通道等，共同组成粤港澳大湾区重要跨江通道。

《三年行动计划》对粤港澳大湾区交通互联互通给出了明确的规划：加快珠江口东西两岸融合互动发展，推进跨珠江口通道建设，充分发挥港珠澳大桥等既有通道作用，科学谋划新的过江通道，构建区域经济发展新轴带。

一条条联通粤港澳大湾区的高速公路建起来，也带动金融的互联互通加快提速。港珠澳大桥联通三地的同时，金融支付的小小变化也推进了三地金融互联互通进程——收费站全部缴费通道均安装移动支付受理设备，司机可使用银行卡或手机闪付、扫描二维码等多种方式支付通行费。来自中国人民银行广州分行的数据显示，截至2019年5月末，港珠澳大桥过桥收费移动支付交易7.2万笔，金额达1059万元，有效满足了往来三地车辆便捷快速通行的需求。中国人民银行广州分行相关负责人介绍，粤港澳大湾区支付便利化举措不断推陈出新，香港代理见证开立内地个人银行结算账户试点、粤港电子支票联合结算业务、粤港跨境电子直接缴费业务等创新业务广泛覆盖企业经贸往来及民生服务，推动粤港澳“便利湾区”逐渐形成。

跨境移动支付的加速布局是三地金融市场融合的一个缩影，更多的互联互通举措正推动三地金融市场的融合。中国人民银行广州分行相关负责人介绍，粤港澳大湾区在全国率先建成并运行粤港联合票据结算系统、粤港外币实时支付系统、粤港跨境缴费通系统等区域性支付与市场基础设施，并面向港澳两地大力推广人民币跨境支付系统，推动建成粤港澳间多币种、全工具、全天候的现代化支付结算通道，构建了安全、高效、便捷的跨境资金转移“高速公路”。截至2019年5月末，广东省内共有8946家银行机构加入大额支付系统，支持跨境支付结算；492家银行机构接入区域性支付与市场基础设施开展粤港联合结算业务。

《三年行动计划》的发布，让粤港澳大湾区金融互联互通路径更加清晰，未来更加可期：将推进跨境电子支票联合结算、跨境电子账单直接缴费、支付工具跨境使用等金融服务创新；推动建立大湾区金融监管信息共享机制；推动出台扩大大湾区内人民币跨境使用规模和范围的具体措施；构建服务大湾区资源要素市场化配置和流转的金融基础设施平台等。在交通方面，到2020年，大湾区内地实现轨道交通通车里程2400公里，实现高速公路通车里程5000公里。

全面开放 》》
外资高地：2020年外商投资备案时限1个工作日

要素流动提速，开放发展的崭新机遇吸引着外资的到来。在广州生物岛上，默克广东创新中心正在紧锣密鼓地装修中。在南沙，瞄准未来新能源汽车发展前景，世界500强企业日本电装将增资20亿元在此建华南新厂区。

“粤港澳大湾区建设及中国在银行、证券、保险等金融行业扩大开放，为苏黎世州进一步深化与广东金融合作带来重大机遇。”苏黎世州州政委员恩斯特·施多克在广东省—苏黎世州金融圆桌会议上表示，希望能充分发挥苏黎世州金融机构国际化的业务优势，深度参与粤港澳大湾区建设，更好地发展大湾区区域共同金融市场，引入更多境外资金支持粤港澳大湾区建设发展。

《粤港澳大湾区发展规划纲要》提出，发挥香港、澳门的开放平台与示范作用，支持珠三角九市加快建立与国际高标准投资和贸易规则相适应的制度规则，形成稳定、公平、透明、可预期的一流营商环境。《三年行动计划》明确了任务表。其中包括，到2020年，负面清单以外的外商投资备案办理时限压减至1个工作日以内，开办企业时限控制在4个工作日以内。

“在瑞士，我们有个说法：一个花园里面，把土壤耕耘好，作物才能茁壮成长。”恩斯特·施多克表示，便利外商投资的政策就是外商愿意前往粤港澳大湾区发展的土壤。广东允许外商在新能源汽车制造、国际海上运输等9个领域设立外商独资企业，取消在广东设立的中资银行和金融资产管理公司的外资持股比例限制，支持外国银行在广东同时设立分行和子行等政策回应了外商在市场准入、财税、用地等方面的关切，含金量高，将吸引更多境外投资者进入广东。

营商环境就是生产力。近年来，广东良好的营商环境，吸引了越来越多外资巨头抢滩布局。以2018年为例，广东新设或增资合同外资金额超过1亿美元的项目达107个，多个百亿美元级外资大项目密集落户或动工。其中，埃克森美孚公司投资100亿美元，在惠州建设化工综合体项目、LNG接收站项目。在业内人士看来，大手笔投资是对中国发展前景的看好，也是对广东优化营商环境、扩大改革开放的肯定。

百亿美元外资大项目快速推进是广东吸引外资实现高质量发展的有力注脚，其背后是广东省主动对标全球一流营商环境，不断优化的市场化、法治化、国际化营商环境。

为了进一步提升粤港澳大湾区陆海内外联动、东西双向互济的开放格局，硬件设施和软环境的提升计划都写进了《三年行动计划》。根据《三年行动计划》，将要进一步推进投资便利化及促进贸易自由化，如全面实施准入前国民待遇加负面清单管理制度，继续在自贸试验区进行开放试点等。同时还将推进大湾区世界级机场群建设，到2020年，大湾区内地实现机场旅客年吞吐量达1.4亿人次。

协同发展 》》

开放支点：2020年自贸试验区新注册港澳企业1.2万家

恒生中国深圳分行行长吴崇溱是香港人。他的湾区生活轨迹是这样的：早晨，从香港出发来到深圳出席论坛，随后回到香港的办公室参加会议；下午在深圳拜访客户，晚上回到香港的家中……由内联外通带来的融合加速，使得吴崇溱如今需要定期来往两地工作学习，以便准确快速地了解大湾区内客户的不同需求。

2019年7月5日，广发银行信用卡率先开通了港澳人士申办信用卡的“绿色通道”，多名在深圳前海创业的香港青年成功申请到了第一张中资银行信用卡。“香港一地，每天往返内地就有70万人次之多，庞大的信用消费需求随之衍生。”广发信用卡中心总裁助理吕胜男表示，港澳人士在内地工作生活会有消费、车贷、房贷需求，但他们在境内的信用体系几乎是一片空白。开通信用卡申请绿色通道，不仅可以让港澳人士跟内地人一样享受信用卡带来的信用消费生活便利，更重要的是，能帮助他们积累境内的个人信用记录，给未来的贷款、投资需求增加便利。

粤港澳共同发力建设大湾区，正在推动形成双向互济的开放格局。以金融业为例，在机构互设方面，港资银行已实现在广东所有地级市全覆盖，粤港合资设立消费金融公司、证券投资咨询公司、基金管理公司，粤澳共同设立合作发展基金；在利用国际资本方面，广东赴港上市企业超过230家，深港通、债券通等金融互联互通渠道不断发展和完善。

“粤港澳大湾区金融的协同发展正在涌现三大机遇。”香港交易所董事总经理、首席中国经济学家巴曙松认为，一是大湾区居民跨境资产配置需求旺盛，高净值人士越来越认可多区域、多币种、多形式的跨境多元化资产配置；二是企业跨境融资需求旺盛，香港的上市制度改革带动越来越多的大湾区企业到香港上市；三是增强粤金融机构对接外部市场、提高产品创新能力。

如果说《规划纲要》绘制了世界级湾区引领对外开放的蓝图，那么《实施意见》和《三年行动计划》则让我们更清晰地看到粤港澳大湾区在建设高水平参与国际经济合作的新平台，探索建立高标准贸易规则方面如何落子。根据《三年行动计划》，到2020年，广东自贸试验区累计新注册港资、澳资企业数量力争达到1.2万家；全面放开港澳居民个体工商户经营范围；大湾区内地力争实现一般贸易进出口占比达到50%……

粤港澳大湾区扬帆起航，也将为“一带一路”建设提供有力支撑，成为中国推动全面开放的一个新的支点。根据《实施意见》，粤港澳大湾区将打造“一带一路”建设重要支撑区。《三年行动计划》明确推进“一带一路”重大项目建设，到2020年，大湾区内地与“一带一路”沿线国家货物进出口比重力争达到14%。

撰稿：陈颖　黎华联　袁佩如　陈晓

港珠澳大桥

共享发展：来了就是“湾区人”

“小小一张卡，体现了粤港澳大湾区的便利，太暖心了。”2019年7月，梁健昌一家成为首批领到珠海社会保障（市民）卡的澳门居民。除了就业、就学，持卡人还可以参加内地医保，享受与珠海居民同等的医疗保障和缴费标准。

打造优质生活圈，提高粤港澳大湾区人民生活水平和幸福指数，已成为建设粤港澳大湾区的重要内容。2018年8月，国务院宣布取消台港澳居民在内地就业的许可事项，进一步便利港澳居民在内地就业、创业。此后，便利

■ 澳门居民正式领取珠海社会保障（市民）卡

港澳同胞在内地发展的各种配套政策陆续出台，加快推进粤港澳大湾区优质生活圈建设。

2019年7月5日发布的《实施意见》以及《三年行动计划》提出到2035年粤港澳大湾区全面建成宜居宜业宜游的国际一流湾区。

蓝图已然绘就，共建才能共享！当前，粤港澳大湾区内地正积极拓展与港澳在教育、文化、旅游、创业、医疗、社会保障等领域合作，积极引进港澳优质公共服务，完善便利港澳同胞在大湾区内地发展的配套政策，构建与国际接轨的公共服务体系，共同打造宜居宜业宜游的优质生活圈。

打造“人才湾区”》》
减少跨境就业创业后顾之忧

“《实施意见》提出，要加快建设粤港澳人才合作示范区，推进粤港澳职业资格互认，拓宽港澳专业人士在大湾区内地的执业范围。”香港青年杨晓欣关注到，随着系列配套文件、政策出台，港澳青年融入粤港澳大湾区就业创业优势更明显了。

2015年，杨晓欣与朋友合伙创办了木启商务咨询有限公司，主要为初创企业、筹备IPO企业和境外上市公司提供企业架构建议、企业价值评估等咨询服务。杨晓欣认为："很多企业在海内外广泛布点，这就需要咨询人员对各地情况都有足够了解才能提供有价值的建议，而这也正是不少港澳人才的竞争力所在。"

海阔凭鱼跃，天高任鸟飞。《三年行动计划》提出，要打造港澳青年创新创业基地，鼓励社会资本探索设立港澳青年创新创业基金。这将为港澳青年拥抱大湾区打造更广阔舞台。

"这让我们看到政府对港澳青年创业就业更大的支持力度。"2019年5月，位于广州天河区的"Time Table精品联合办公空间"入选粤港两地政府确定的首批10个"粤港青年创新创业基地"之一。来自香港的"90后"创业者吴嘉惠兴奋地表示，放眼整个大湾区，市场更广阔，希望能将更多港澳优秀文创项目带到内地孵化。

与吴嘉惠有着相似感受的人不在少数。"粤港澳大湾区还有更多尚未开发的市场空间等待三地年轻人共同去开拓。"第一次到访广州南沙，香港记者赵嘉骏就感受到这里发展潜力无限。

"粤港澳大湾区的定位可以是'人才湾区'。"国务院参事、全球化智库理事长王辉耀指出，城市引才吸引力和人才竞争力的高低，与该城市灵活的管理、商业环境及对内外开放的程度等因素息息相关。

在加快打造人才高地，拓宽就业创业空间的同时，粤港澳三地也正加快完善社会保障等公共服务配套政策，通过制度保障为"湾区人"跨城生活、就业创业减少后顾之忧。

"湾区人"的生活变得越来越便捷，已成为一种必然趋势。《实施意见》提出，要完善社会保障领域制度建设，推动港澳居民在医疗、养老、住房等民生方面享有与内地居民同等待遇。

以养老为例，支持港澳投资者在珠三角九市按规定以独资、合资或合作等方式兴办养老等社会服务机构，港澳投资者在粤兴办养老机构与内地民办养老机构享受同等待遇。

当前已有3家香港服务机构和2名香港公民在广东省兴办了养老机构，包括肇庆市伸手助人护老颐养院、深圳康复会颐康院、乐平颐康安老综合服务（佛山）有限公司、广东泰成逸园养老院、广州红升侨颐养院。

同时，对在大湾区内地工作、符合一定条件的境外（含港澳台）高端人才和紧缺人才，配合国家制定个人所得税税负差额补贴政策措施。

值得关注的是，为了推动解决个人所得税差额问题，降低境外人才税负水平，2019年6月，广东出台了《关于贯彻落实粤港澳大湾区个人所得税优惠政策的通知》，明确对在大湾区工作的境外高端人才和紧缺人才，其在珠三角九市缴纳的个人所得税已缴税额超过其按应纳税所得额的15%计算的税额部分，由珠三角九市人民政府给予财政补贴，该补贴免征个人所得税。

打造“教育高地”》》
便利粤港澳居民共享优质教育资源

2019年下半年，华南理工大学广州国际校区首期建设将交付启用，迎接首批本科生入学，到2021年将全面建成“中西合璧、博雅合璧、传统与现代合璧、科学与人文合璧”校区，直接服务于粤港澳大湾区的人才培养与科技创新。

2019年6月，越秀集团捐赠港币1亿元用于支持香港科技大学（广州）项目科研创新、学科建设；另赞助人民币1000万元，用于培育穗港两地优质创新创业项目，助力粤港澳大湾区科技成果转化。自2018年12月筹建香港科技大学（广州）协议签订以来，各项工作进展顺利。

随着粤港澳大湾区建设持续升温，湾区内各大高校纷纷携手合作，跨城、跨境办学风起云涌。

《实施意见》提出要打造教育高地，积极引进港澳和国际教育资源，加强教育交流合作，便利粤港澳居民共享优质教育资源。明确要求推动港澳高校到大湾区内地合作办学，共建优势学科、实验室和研究中心，推进香港科技大学、香港城市大学、澳门科技大学及香港大学（医学院）、香港中文大学（医学院）落户广东。

在过去，国际顶尖高校资源被视为广东的短板，而联合港、澳之后，粤港澳大湾区高校资源无论规模，还是层次都得到极大提升。5月2日，2019年英国泰晤士高等教育亚洲大学排名揭晓，粤港澳大湾区共有10所大学进入榜单前100名，其中香港6所，广州2所，深圳、澳门各有1所，表现亮眼。

澳门科技大学副校长庞川表示，建设粤港澳大湾区“教育高地”，重点要打破一些看得见的、看不见的壁垒，尤其是大湾区高校之间的学术交流，在未来应该要更加顺畅。只有这样，人才要素、生产要素等创新资源才能更充分交流，未来也才可能培养出更多的创新型人才。

对此，《实施意见》提出一些创新探索，比如支持粤港澳高校联盟建设发展，推动三地高校探索开展相互承认特定课程学分、实施更灵活的交换生安排、科研成果分享转化等方面的合作交流；争取国家支持与港澳共同制定粤港澳大专（副学位）学历分批实施互认方案；推进粤港澳职业教育合作，支持各类职业教育实训基地交流合作，共建一批特色职业教育园区，建立职业教育资源共享机制。

如果说高校合作是打造粤港澳大湾区“教育高地”的摩天大楼，那么加强粤港澳青少年交流、推进粤港基础教育合作则是夯实基础。

2019年3月，2019粤港澳大湾区青少年无人机大赛暨科创嘉年华活动在深圳启动，来自大湾区9个城市的青少年无人机爱好者，现场进行了飞行表演，无人机在空中摆出各种造型，蔚为壮观。

这只是大湾区青少年加强交流活动的一个缩影。在未来，还将支持“粤港澳青年文化之旅”、香港“青年内地交流资助计划”和澳门“千人计划”在大湾区内地实施，共同组织开展粤港澳大湾区香港／澳门青年实习计划、青年同心圆计划、澳门青年到深圳实习及就业项目等活动。

与此同时，粤港基础教育合作也实现稳步发展。粤港中小学姊妹学校活动不断推进，2018年底缔结总数已达721对；同时，支持香港中小学教师、幼儿教师到广东考取教师资格及任教，继续派出优秀教师赴港担任教学指导老师；对港澳居民子女在湾区内义务教育阶段学校就读，实行“欢迎就读、一视同仁、就近入学”。

共建“人文湾区” 》》
打造9条粤港澳文化遗产游径

“先搭乘武广高铁至广州，游玩一日后再乘坐高铁直奔香港西九龙，购物一日后，再坐船前往澳门品尝美食，最后从澳门到横琴珠海长隆看大马戏，4天3晚的行程丰富多彩。”来自长沙的游客陈女士晒出了自己的行程单。

当前，暑期旅游市场正在升温，粤港澳大湾区“一程多站”联游产品十分受欢迎。《实施意见》提出，要依托大湾区特色优势，建设多元旅游平台，构建休闲度假、养生保健、邮轮游艇等多元旅游产品体系，开发高铁“一程多站”旅游产品，建设粤港澳大湾区世界级旅游目的地。

随着广深港高铁的开通，高铁沿线城市游客赴港的意愿和可行性亦大大提升。根据广之旅提供的数据显示，2018年国庆黄金周期间，该社接待来自其他省份的高铁沿线游客同比增长达10倍以上，珠江三角洲和全国客源的占比也达到了前所未有的8∶2。被点燃赴港热情的内地游客在香港停留更长的旅游时间也是趋势，九成以上的该类游客会选择超过3天的香港深度游产品。

另一方面，2019年是文旅融合的元年，推动中华优秀传统文化创造性转化、创新性发展，广东开启了新的探索——构建粤港澳大湾区文化遗产游径。这条串联粤港澳三地文脉的游憩通道，将成为共享文化旅游融合发展成果的平台。

根据《粤港澳大湾区文化遗产游径建设工作方案》，粤港澳大湾区2019年内将打造4条文化遗产游径，三年内共打造9条游径。

目前，广东省文化和旅游厅已牵头联合广东省考古研究所、广东省城乡规划设计研究院、广州岭南建筑研究中心以及广东省旅游研究中心，开展了游径资源调研和线路设计工作。

“这是一次对粤港澳文化脉络的再梳理。让世人以更直观的方式了解孙中山文化、华人华侨文化、海丝文化、粤剧文化等粤港澳三地共同的历史记忆和文化基因。”当广东省城乡规划设计研究院总工程师马向明在接到游径的空间规划设计任务时，深知意义重大。

在他看来，解读历史不能断章取义，品读文化不可一知半解。唯有全面梳理和完整呈现，才会更接近历史原貌，活着的历史才会历久弥新，由此形成牵系三地的新纽带。

如果说粤港澳大湾区文化遗产游径是搭建共享文旅融合发展的平台，那么144小时过境免签政策的落地和“一程多站”产品的优化，则为建设多元旅游平台，建设粤港澳大湾区世界级旅游目的地提供更多助力。

Thibault是经常往来中法两国的商务客，因公司业务关系需要频繁在广州作短期停留。从前限于广州实行72小时过境免签，3天停留时间除了用于处理公务，就只能在广州作短暂观光旅游，且只能从广州进广州出。现在有6天的过境免签时间，他既可以在广东泡温泉、看海景，深度体验广东文化之旅，又能坐高铁前往香港游玩几日，直接从香港返程。

撰稿：李凤祥　黄叙浩　肖文舸　周人果　梁涵

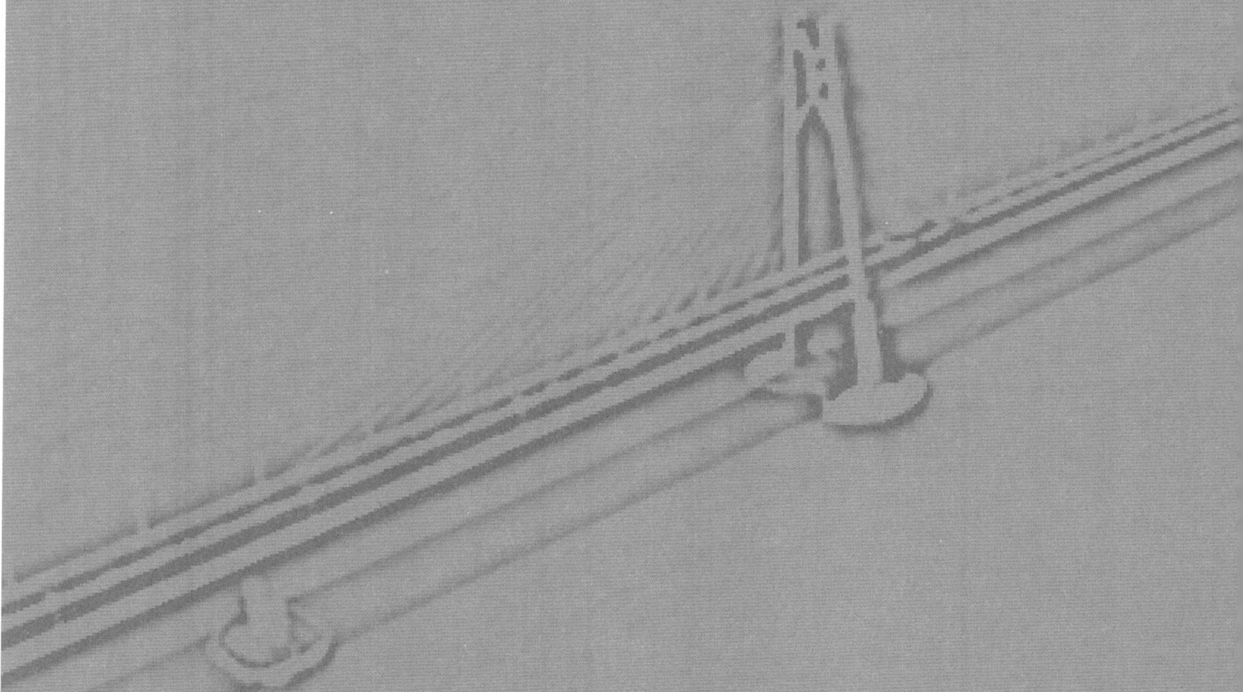

第二章 真抓实干显成效

2019年5月，国务院办公厅发布了对2018年落实有关重大政策措施真抓实干成效明显地方予以督查激励的通报，广东共获得了19项督查激励，数量位居全国首位，创历年最好成绩。

亮眼“成绩单”的背后，是广东认真落实党中央、国务院重大政策措施，真抓实干，努力实现“四个走在全国前列”、当好“两个重要窗口”的主动作为和积极探索。为更深入地挖掘19项督查激励背后的广东奋斗故事，本书调研团队深入其中5个乡村进行蹲点走访，走基层、强“四力”，广泛宣传习近平总书记对广东重要讲话和重要指示批示精神，记录广东践行习近平新时代中国特色社会主义思想的生动场面。

四会市地豆镇水车村墙体绘画独具特色

肇庆四会：
村民自愿“让地”
支持美丽乡村建设

走进肇庆四会市地豆镇水车村，村道宽阔整洁，崭新又具岭南特色的文化活动室、乡贤馆、农家书屋一字排开，富有农耕文化特色的墙绘随处可见，绿色稻田与田边的水车相映成趣……

说起这两年的变化，村民刘明玉赞不绝口：“以前村里到处是泥路，休闲娱乐也无处可去，现在不仅有球场、文化室，还有了村史馆……”农村人居环境整治让村庄大变样，吸引了至少20户村民回村建新房。

水车村是四会全域推进生态宜居美丽乡村建设示范县的一个缩影。

如何充分调动群众的积极性？当村集体利益与个人利益相冲突时怎么解决？新农村建设如何更好“留住人”？面对这些现实难题，四会走出了一条共建共治共享的新路子。在国务院办公厅2018年督查激励通报中，四会被列入国家人居环境整治成效明显激励县名单，是全省唯一上榜的县。

把“推力”变“拉力”
村民从“要我干”变成“我要干”

2019年6月17日上午，几名水车村村民相约来到健身长廊健身，如此现代化的健身器材，在三年前村民想都不敢想。

这得益于水车村的生态宜居美丽乡村建设，也得益于乡贤吴观南的资助。2016年，吴观南“退居二线”回到老家水车村，那时“村容村貌破旧不堪”。当年起，吴观南响应党委政府号召，投入600多万元为村里建了文化活动室、农家书屋、健身室和篮球场。此外，还在村旁的山上着手建设一座镇级森林公园——樱花谷乡村休闲旅游项目。目前，该项目首期已投入2500多万元。

在四会，像水车村这样的村庄还有不少。变化始于2017年，这一年全国文明城市的成功创建，让四会进一步意识到生态宜居美丽乡村建设的重要性。“城镇很漂亮，农村更不能落后。”肇庆四会市委农办主任、四会市农业农村局局长萧志坚说。

2017年该市提出全域推进生态宜居美丽乡村建设示范县，“四会市创建省全域推进生态宜居美丽乡村建设示范县指挥部办公室”（以下简称“创建办”）也同步成立。

创建之初，创建办也遇到各地推进美丽乡村建设普遍会遇到的难题，如群众积极性不高等。怎么办？四会有自己的“妙招”：先营造氛围，把舆论热起来；再鼓励动员，把愿景树起来；最后全力推动，把力量汇起来。“众人拾柴火焰高。”创建办主任李智明说，把政府主动、群众被动的“推力”，变成了既有政府助力又有群众主动的“拉力”，让村民从“要我干”变成“我要干”。

■ 水车文化乡村旅游项目

村史馆改造、乡贤馆及党建文化室改造、墙体绘画、乡风文明建设宣传教育……在乡贤助力下，水车村已经建成8个项目，成了名副其实的新乡贤文化村。

在项目的带动下，水车村民小组集体年收入由美丽乡村建设前的不到10万元，到目前已达到150多万元。

由“外力”变“内力”
“软化行动”实现“软化效果”

现在的罗源镇铁坑村委会铁坑村儒风广场干净整洁，篮球场、共享菜园、文化长廊一应俱全。很难想象，两年前这里还是30多间破烂不堪的猪栏牛舍，四处泥泞。

更难想象的是，总户数101户的铁坑村有40多户村民无偿让出猪栏牛舍、闲置空地近20亩，这才成就了眼前的儒风广场。“政府要把我们村搞得那么漂亮，这是建村几百年来都没有的。我们为什么不支持？”看到政府拿来的效果图，村民曾章佑二话不说，立即无条件让出3间共约90平方米的草房。

农村人居环境整治中，“三清三拆三整治”是重点也是难点。难点如何解？李智明表示，四会充分发挥“软化效应”，由“外力”变“内力”。如全市统一设计的标记符号——用绿色循环箭头构成的倒三角形来代替红色的

■ 四会市罗源镇铁坑村改造前后对比

“拆”字；为加强探索开展农房建设、风貌管控，四会市聘请广东省城乡规划设计院根据岭南特色专门制定了50套农村新房设计、50套旧房改造、50套节点景观设计、50套巷道改造、50套空旷地改造和50种乡土植物图集。

“软化行动”也真正实现了“软化效果”。在罗源镇，主动为美丽乡村建设让地的事例不是只有儒风广场。一条长12公里、宽6米的环镇路让全镇的规划提档升级，它的建成离不开沿途近50户村民的“慷慨解囊”。

据统计，罗源镇第一期39条自然村基本完成“三清三拆”工作，共清拆危房、草屋约1300间，清拆面积约4.7万平方米，平整草地、竹林、清理杂草杂树和平整土地约14万平方米，群众共让地约170亩用于建设村中公共活动中心和活动公园，让地约100亩用于新建12公里主环线，折算估价1850万元。

“就是要靠苦口婆心，不断地做村民思想工作。”罗源镇党委书记陈素芳回忆说，2017年10月4日，在拆镇里第一户村民的旧房子时，她把附近村民请到现场来观看，“村民看到身边活生生的例子，会有很大的触动，同时

■ 铁坑村打造的游客公共服务中心

也更加珍惜这来之不易的机会”。

在开展“三清三拆”工作前，罗源镇组织镇村干部进村入户宣传动员，召集各村的村主任、理事会成员到镇参加新农村建设公众参与会，进一步激发群众创建热情。

正因为前期工作细致到位，村民们大都积极主动投入到清拆整治工作中去，“我们是真正把群众的主体作用发挥到点到位”，陈素芳说。

从“压力”到“动力”
产业发展支撑新农村建设

在黄田镇西岸村委会的四会市砂糖橘产业园核心区，一大片翠绿的橘园，橘树在艳阳的照耀下闪着迷人的金光，绿叶舒展张扬；数名工人正给橘树抽水、除草、施肥……

该产业园以发展现代砂糖橘产业为核心，是黄田镇柑橘产业复兴的抓手之一。“一业兴，百业旺，农村要有产业做支撑，在家能挣到钱，才能留得住人。”李智明介绍，不仅仅是黄田镇，在四会，不少农村人居环境整治工作做得好的镇村，现阶段都把目光重点放在了发展产业上。

正值西瓜成熟季节，在罗源镇石寨村“石寨村党支部创业示范基地”，一个个西瓜像翡翠一样镶嵌在地里，为实现石寨产业振兴，增加村集体及村民收入。石寨村支部承包了辖下东四村小组约35亩闲置土地，计划按“一村一品”发展思路，主要种植“华农一号”水果木瓜，预计第一年亩产5000斤，单价1.5元，预计每亩利润2000元。

为避免种植木瓜前土地空置，浪费资源，基地兼种植西瓜，“亩产2000斤，以批发价1.5元/斤，预计亩利润500元，现供不应求”。陈素芳算了一笔账。

石狗镇则致力于做大做强兰花、油茶等特色农业产业，全镇现有兰花企业62家，面积3800多亩，兰花年育苗3300万株，拥有墨兰、杂交兰、洋兰、蝴蝶兰四大系列230多个品种，年销售产值达3.8亿元。

■ 四会市沙糖桔省级现代农业产业园机械作业

除了做强传统产业，四会的新兴产业也在加速发展。

“罗源镇注重发挥绿色生态优势，定位为‘生态宜居宜游小镇’。”陈素芳表示，全镇以广东省森林小镇、人面子古树公园创建点为契机，引入临川龙鑫生态养殖项目，建设一个集现代种养、销售、旅游一体化发展的现代农业产业园。

“让文旅结合起来，让产业提档升级，实现产业振兴。”陈素芳表示，全镇同时大力发展康养项目、高档水产养殖项目、蔬菜、苗木花卉、优质水稻等现代特色农业。近两年，罗源镇发生了翻天覆地的变化，全镇共成立了10个农村专业经济合作社和3个家庭农场，创建1个苗木花卉产业基地。

“四会始终把产业发展作为新农村建设的重要支撑。”李智明介绍，全市积极推动农村产业连片开发，引导农业生产向规模化、产业化方向发展。目前，全市共有农业龙头企业30家、农民专业合作社374家、认定家庭农场49家。

【专家观点】

广东省人民政府发展研究中心副主任刘洪盛：
共建共治共享　绘出美丽乡村新图景

改善农村人居环境，建设美丽宜居乡村，是实施乡村振兴战略的一项重要任务。广东从农村人居环境整治入手发力，建设美丽乡村，抓住了实施乡村振兴战略的“牛鼻子”，为破解广东省城乡二元结构“精准施策”。

以四会为代表的广东农村人居环境整治，改变了过去仅靠村干部和党员“单打独斗”的局面，坚持“农民要什么，我们干什么”，人居环境整治的过程让群众参与、效果让群众检验、成效让群众受益，形成了发展的合力。可以说，广东的基层在农村人居环境整治方面，正在作出诸多有益的探索。

村民是农村环境整治的受益主体，也是参与主体。只要党委政府各司其职，社会各界各尽其力，农民积极参与人居环境整治，营造美好人居环境共建共享的良好氛围，山清水秀、整洁有序、环境宜居、文明和谐的美丽乡村新图景一定能早日绘就。

撰稿：黄进

■ 英德市电子商务产业园员工打包邮寄客户下单的特产

清远英德：
山区农民“触网” 生意越做越好

2019年“6•18”电商大促活动日，英德市果康源农产品专业合作社理事长宋勇辉一直忙到晚上9时。“‘触网’几年，生意越来越好，希望2019年还能拿年度销售冠军。”宋勇辉开怀地笑了。

当前，城乡区域发展不平衡是广东高质量发展的最大短板。宋勇辉从地地道道的农民变为淘宝销量冠军，再到带动120多户农户脱贫致富，他的创业故事是英德市通过电商激活农村经济、破解城乡二元结构问题的缩影。

政府主导抓好政策、资金和服务体系，产业园解决孵化与渠道等市场难题，农户加入合作社“抱团上网”……多方合力下，英德充分发挥生态优势，通过农村电商构筑起一张连通城乡的网络，努力把短板改造成“潜力板”，不断拓展发展空间。

2018年，英德市农产品网络销售额约为7亿元，近三年年均增速达110.85%。在国务院办公厅2018年督查激励通报中，英德市因推进农产品流通现代化、积极发展农村电商和产销对接成效明显，成为上榜案例。

网售水果，“新农人”跨过“三道坎”

接触电商前，农民宋勇辉苦恼又焦急。身处偏远贫困村，交通闭塞、信息不畅、销路不通，他经常看着辛苦种植的水果成堆烂在田间。

现在，45岁的“新农人”宋勇辉只需打开手机，就能接到全国各地订单，调配多个农场的新鲜水果，实时追踪农产品运输位置。

■ 英德优质瓜果如今都已上网销售

2018年，果康源合作社通过电商销售农产品5万多单，多项产品居淘宝网销量第一，营业额380万元，其中纯利润100万元。

从“面朝黄土背朝天”到淘宝销量冠军，宋勇辉跨过了“三道坎”。

第一道坎，山里的农民怎么“触网”？

转机来自清远英德市“农村电商领头人”培育计划。2013年底，他从政府组织的电商培训班毕业，开了2家天猫店。“触了网，才知道大山不是阻隔，农产品可以几天就翻越千山万水。”宋勇辉说。

最初，他将自产的黄皮、番石榴、柠檬放到淘宝销售，但水果大多烂在了运输路上，不仅没赚钱，还拿出了一整年利润“填窟窿”。后来，他发现加工包装好的农产品通过电商出售，既有效预防农作物烂在田间地头，又不怕长途运输导致腐烂，还能提高附加值。“一元钱的红薯做成红薯干，网上能卖15元一斤。”他说。

摸出了门道，生意越做越大，困扰宋勇辉的“第二道坎”来了：需求越来越大，货源怎么跟上？

宋勇辉尝试了一条新路子：基地+专业合作社+农户+互联网。2015年初，他牵头组建果康源农产品专业合作社，希望带村民一起致富。

果然，农户热烈响应，纷纷摘下水果送到合作社。到2015年6月底，短短半年时间，合作社销售总额就达100万元。如今，38户社员种植了200多亩无花果、桑葚，120户周边村民种植了300多亩红薯。

合作社上了轨道，“第三道坎”又横在宋勇辉前面：产品的品质怎么保证？

“把品质提上来，才有好招牌！”2015年8月，宋勇辉自建加工厂，定期收购新鲜水果，再统一加工、包装、销售、运输。

农户终于不再为销路发愁。3年多来，仅红薯一项，果康源合作社就收购了150多万斤。到了红薯热卖季，农户把红薯运到合作社，问得最多的是：“明年还收吗？我们还能多种点。”

电商产业园带动一成贫困户就业

如果把宋勇辉比作农村电商的一颗种子，那么英德市电商产业园就是让种子发芽成长的绝佳肥料。

2016年，果康源合作社入驻电商产业园。在产业园帮助下，该合作社精准对接沙口镇平峰村、英红镇田江村，使红薯亩产从2000斤提升到5000斤。近3年为全省各地职业农民3000多人次带来新技术，成为广东省新型职业农民实训基地。2019年，宋勇辉还将筹集300万元新建3条农产品加工生产线，“建成后可带动500户以上农户致富”。

在英德构建的电商扶贫“1+N”体系中，该市电商产业园解决了孵化和渠道两大难题。

“‘1’是电商产业园孵化基地，‘N’是多个农村电商平台。我们引导电商扶贫企业、合作社入驻产业园，孵化企业的同时，也打开贫困户产品网

■ 采茶季节忙碌的英德茶农

络销售渠道。”英德市电商办副主任宁丽芬介绍。

在宁丽芬看来，“电商（产业园）管渠道、合作社管标准、企业（贫困户）管生产”是重要秘诀，有效带动电商产业园内农产品按照网络销售要求提升品质，变成“网品”。

英德市电商产业园发展有限公司总经理杨瑞芬介绍，目前在英德电商产业园中，农特产品O2O体验馆内已有55家企业入驻，线上线下销售约400多种英德特产。农村淘宝英德服务中心为入驻企业提供办公培训、物流、仓储等服务；青年电商创业孵化中心提供10间团队孵化室和25个个人创业区，创业者还能获得O2O体验馆中的产品货源；电商服务中心则提供产品综合服务、金融服务、摄影、美工服务、新供销电商服务，为孵化期的创业团队提供免费办公场所和“一站式”服务。

在产业园带动下，2016年以来，英德扶贫农产品网销总额达1.15亿元，带动贫困户就业或从事相关种养产业超4000人，约占全市贫困人口总数的10%，带动贫困户户均增收约1000元。

更多“雏鸟”还在英德电商产业园内孵化待飞。“除了常见的孵化服务，2019年我们还专门成立网红中心和视频内容团队，帮企业和农户打造品牌形象。”杨瑞芬说，近年快手、抖音等网络流量“大户”走红，让人看到了“视频营销+网红经济”的巨大空间。

打造一批电商扶贫企业和特色品牌

2016年6月，英德启动电商扶贫工作，是全省最早启动电商扶贫项目的县级行政单位。英德发展农村电商过程中，“政府主导、市场驱动，企业主体、大众创业”的特点尤为鲜明。

政府主导思路清晰，紧抓三个关键点：政策、资金和服务体系。广东所有县（市）中，英德最早成立了以市长为组长、相关单位和各镇街主要负责人为成员的农村电商建设工作领导小组，建立多部门联动工作机制，并出台实施加快电商发展的系列政策。随后，又设立农村电商发展基金，每年安排

英德电商产业园农特产品O2O体验馆内，旅客正在选购特产

100万元专项扶持资金及100万元电商工作经费。

“我们还投入大量财力人力，实现电商服务站点、物流体系两个‘全覆盖’。”宁丽芬介绍，英德目前共建成241个镇、村级电商服务站点，实现镇街全覆盖；构建起从市区至23个镇的二段物流配送网络，实现物流快递24个镇街全覆盖，近三年全市电商快递件数年均增速达100.5%。

政策有了、钱来了、快递完善了，农村电商的星星之火正在燎原。

英德市英州红茶业有限公司成立5年，2018年电商总销售额超过800万元。“以前在淘宝上找英德红茶，只能在茶叶的‘其他’品类一栏中搜索。但现在，英德红茶已经家喻户晓。”该公司电商总监陈亚汉非常自豪。

目前，英州红已带动企业所在石灰铺镇186户贫困户脱贫、近400户农户创收增收。2017年开始，该公司天猫商城每销售一份茶叶就提取2元作为扶贫基金，定期发放给石灰铺镇的贫困户，至今发放13万元。

■ 英州红茶业公司整洁的生产车间

“电商老兵”积庆里茶业有限公司生意做得更大，2018年通过电商销售产品约3000万元。

2018年，龙华村的年轻人刘子科也牵头组建了兴农种植专业合作社，全年电商销售60万元。2019年，该村10多户农户已加入兴农合作社。“1至6月电商销售50多万元，预计全年收入将翻倍。”刘子科满怀期待。

还有更多山区农民沿着“南果北调”之路脱贫。目前，英德“村淘项目”直接创造就业岗位超过600个，183位农村淘宝合伙人月均收入超过4000元，300多位淘帮手人员月均收入超过2500元。

与此同时，英德电商产业园、英德农产品电商实验基地、“即送网”“英德家”等电商项目规模正迅速扩大，市场主体活力迸发……

2018年，英德农产品网络销售额约7亿元，近三年年均增速达110.85%；累计培育电商扶贫企业41家，打造电商扶贫产品特色品牌33个。

【专家观点】

广东省电商协会副会长、农村电商专委会执行主任李华强：“政府主导到点子上，激发了人的创造力”

自2014年商务部开展电子商务进农村综合示范项目以来，我国农村电商经历了发展初期、转型提升、融合发展等多个发展阶段。政府如何有效支持电商发展？如何通过电商实现精准扶贫？怎样使脱贫致富变得可持续？英德发展农村电商的经验，值得思考借鉴。

政府态度上，坚持不等不靠、主动作为。比如，英德市政府通过政策手段和财政手段，引导农村电商科学化、规范化、体系化发展，又成立英德市电子商务产业园，打通了培育孵化环节，形成了良好的集聚效应，为电商落地、壮大奠定基础。

执行思路上，坚持问题导向、目标导向。比如，抓住当地电商人才少、能力不强等突出问题，开展电商人才培训，而且重点培训有劳动能力、建档立卡的贫困人口。掌握了知识、配套了渠道，贫困户成了业务素质优秀的“农村电商领头人”，就业能力有效提升，还能增收创收，充分激发了农户“触网”的活力和创造力。

品牌建设上，通过线上线下结合，用活动促推广、用网红促销售。比如，2015年至今，英德举办多场论坛、会议、庆典活动，持续不断地营造电商发展氛围，吸引了一批返乡青年、回乡大学生、退伍军人等群体投身农村电商，创业就业。

撰稿：陈晓

■ 徐金珠从住家船上收拾物品搬往新家

江门开平：告别“水上漂”　200船户上岸

骤雨初歇，宽阔的苍江恢复平静，徐金珠赶忙回到船上收拾行李。上个星期，她和老伴离开了生活近30年的旧木船，住进了城区50多平方米的新家。

“新房的租金都是政府补贴的，等我搬完家交船，还可以领3000元交船费。”不仅徐金珠，截至2019年6月25日，江门开平市区216艘住家船，92%完成清退。200户原来以船为家的居民，2019年陆续“洗脚上岸”过上城市人生活。

“如果没有河长牵头，投入大量人力物力财力，统筹各部门、镇街共同推进住家船整治，不可能在半年内解决这个历史遗留问题。苍江的水质也开始逐月变好。”开平市河长办常务副主任、市水利局局长吴振威点出个中缘由。

良好的生态环境是高质量发展的重要保障。2019年5月，广东省作为河长制湖长制工作推进力度大、河湖管理保护成效明显的5个省（区）之一，被国务院予以督查激励。开平住家船整治带来的水环境及民生改善，正是其中的缩影。

如今，广东逾3.7万名各级河湖长积极履职，奋力打好碧水攻坚战，推动河长制湖长制从“有名”到“有实”，人民群众的获得感、幸福感、安全感也越来越强。

破旧失修脏乱差　昔日货船成痼疾

开平水网密布，三江汇流，住家船曾是这里独特的“风景”。

62岁的李彩凤曾是船民之一，4月份交船搬家后，每天买菜都会路过江边看

■ 破旧的住家船年久失修

看。“从25岁嫁到开平就一直在船上生活。搬家上岸后，有水有电，孙子读书也方便了。”看着相伴数十年的住家船“邻居”陆续离开，她既感慨又欣慰。

这些破旧的木船、水泥船历经多次修补，船舱的铁皮顶摇摇欲坠，窄长的船身锈迹斑斑，与苍江两岸高楼林立、河岸平整、绿树成荫的景象形成鲜明反差。

“与其说是船，不如说是脏乱差的水上棚居。”开平市长沙街道工作人员一边帮徐金珠清理船上杂物，一边向调研团队介绍，住家船年久失修，绝大部分已失去动力，居住条件也相当恶劣。踏上岸边一条颤抖的铁板，走进徐金珠的船，里面仅用木板简单隔出一个床位，船舱内物品杂乱，船头则是一个已经熏黑的简陋厨房。

开平市航运公司的退休干部说，20世纪七八十年代，农产品、建筑材料都要靠船运输，水域内百舸争流，船民们既将船作为从事渔业和运输的工具，又将其作为生活栖息之所。

年迈的住家船居民通过木板上船

随着社会经济的发展，这些简陋船只逐渐被淘汰，一部分住家船民开始上岸就业居住，但不少仍留在船上生活。

“我们也不想住在船上，在航运公司下岗后，没有再找工作，没有钱搬走。”徐金珠说，船上没水没电，自来水要向岸上的人家买。2018年台风“山竹”还把船顶打掉了，幸亏政府提前将他们转移到岸上。

“住家船既不安全，影响人身、航道与消防安全，又不便利，不通水不通电，更不环保美观，污水、垃圾直排，影响江河环境。”开平市副总河长、市长邝积康直言，住家船整治迫在眉睫。

政府补贴租房金　改造别墅作房源

2019年开始，一场覆盖开平市区三埠、长沙、水口等镇街水域的住家船专项整治行动，迅速开展起来。

“正是全面推行河长制，为久而未决的难题迎来了治理契机。”邝积康介绍，按照国家和省的要求，2020年底，开平境内的潭江牛湾断面须达到Ⅱ类水质，Ⅱ类水质已经是饮用水源的标准了，无论是工业、农业还是生活污染源，都得发现一处，治理一处。

2018年，开平市总河长、市委书记庞正华提出，用1年时间，取得住家船整治的明显成效。随后，该市将住家船专项整治作为全面推行河长制，打赢碧水攻坚战的重要抓手。

住家船民普遍文化水平低，就业门路窄、经济收入少，还有孤寡老人、低保户，如何妥善安置，是整治成败的关键。2018年底，开平市发动镇街、社区力量，上船逐户调查，摸清住家船居民底数和状况。

在各市级河长组织下，关于住家船专项整治、居民上岸安置、联合执法等方案陆续出台。

“对于‘三无’及孤寡老人，我们安排其入住养老机构，对岸上没有住房的住家船民，政府提供5年的租房资金补助，由其自行租赁住房。”吴振威介绍，补贴方式为，3人及以下家庭按每户50平方米标准补贴，每月补贴

住家船居民在上岸安置协议上签字

640元，贫困户为800元；3人以上家庭按每户80平方米标准补贴，每月补贴1024元，贫困户为1280元。此外，每户还可以一次性领取交船费3000元。

开平市整治住家船计划投入1646.85万元，其中分5年补贴租房费1227.05万元。

租房补贴落实后，房源是另一大问题。

“很多房东一看见老人、低保户来租房就直摇头。”为此，镇街各显神通，为住家船民寻找房源。长沙街道将辖区内2栋因历史遗留问题而闲置的别墅盘活起来，将其改造装修成15个房间，配有独立卫生间，供住家船民入住。“这些居民以前就是邻里，搬到岸上也住在一起，融入新生活更容易。”镇级河长、长沙街道办事处党工委书记张伟业说。

三埠街道则发动企业，对村委会、自然村的闲置房子进行改造。水口镇对公租房改造，并优先供住家船民居住。

2019年1月7日，开平市河长办编制了《给市区住家船居民的一封信》，联合镇（街）派发给住家船民。镇街和交通局组织专人上船进行宣传动员。

4月19日晚，首批4条住家船顺利清理，这一消息迅速通过当地官方发布平台、媒体报道传播开来。“住家船民平时都互通消息，开了个好头，接下来的工作就好开展了。”当地干部说。

河长牵头领责任　部门镇街总动员

红白色的拖船从江中缓缓靠近，在工作人员的指挥下，不断调整位置，随后，船尾将两艘住家船扣住，开足马力将其拖离现场。

6月18日，清理住家船工作已进入收尾阶段，距离首批船只清理，仅过了两个月。

整治工作在短期内迅速推进，离不开河长统筹下的各部门、各镇街协同联动。

■ 政府工作人员向住家船民耐心讲解政策

开平市专门成立由市副总河长为组长、镇（街）级河长为直接牵头责任人、重点部门为成员的专项整治行动领导小组。

目前，住家船专项整治行动由市河长办统筹推进，各部门、镇（街）配合开展行动。民政局负责安置补贴的把关和发放；城管局负责清理住家船离开后的河道和上落架；交通局负责与船民签订拆船协议，联系组织船只拖移清拆。属地镇（街）是住家船整治过程的责任主体，负责属地安置工作全过程，包括核查统计、做通船民思想工作、寻找房源等。

“虽然做了详细方案，分工也很明确，但具体执行过程中仍不可避免遇到各种问题。”开平市水利局副局长陈永康说。

对此，开平市河长办每周都召集住家船整治各相关单位召开会议，协调解决实际问题，还定期通报行动进度，对镇（街）整治完成率进行排名。开平各市级河长在巡河过程中，会到排名落后的镇（街）检查督导。

经过整治，苍江上停靠的住家船越来越少

民间力量也被调动起来。在江边，常常有身穿橙色衣服的社工志愿者活跃于住家船上，在他们的耐心沟通下，越来越多船民在上岸安置协议上欣然签字。

“一些老人在船上生活了一辈子，除了解释政策，我们还一对一进行心理咨询、调解家庭矛盾，进行节日慰问，帮助他们融入社会。”在街道办的发动下，惠群社工和广东狮子会五邑服务队开展“我们都是一家人”水上居民搬迁安置关爱行动。

开平市河长办相关负责人介绍，接下来将继续加大力度，动员船民签订上岸安置协议，力争尽早完成清理任务。

住家船整治成为开平以河长制引领治水的新起点。当地计划将河道当作街道，进行网格化管理，并建立保洁巡查长效机制，全力推进“水清岸绿，河畅景美”的宜居城区建设。

【专家观点】

广东省水利水电科学研究院党委书记、河长制研究院院长黄本胜：河湖治理让老百姓“感受到改变”

开平整治住家船的实践再次表明，河长制工作的根本出发点和落脚点就是要满足人民对美好生活的向往，是需要各级各部门、全社会共同参与的事业。广东在全面推行河长制湖长制过程中，践行以人民为中心的发展思想，使得河湖管理取得明显成效。

第一，广东提前建立完整的河长制度体系，让人民群众“看得到决心”。广东在2017年底比中央要求提前一年全面建立河长制、2018年6月又提前半年建立湖长制，实现全省江河湖库管护全覆盖。在此基础上，广东不断健全“党政领导、河长主导、流域统筹、部门联动、系统治理、齐抓共管”的工作体系，推动河长制湖长制从“有名”转向“有实”，从“见河长”转向“见行动”“见成效”。

第二，广东集中力量向河湖管理顽疾宣战，让人民群众“感受到改变”。例如，坚持以问题为导向，直击群众反映最强烈的河湖超标排污、倾倒垃圾、围垦侵占、非法采砂等问题，开展“清四乱”和“五清”专项行动，要求2019年底完成，这是广东河湖治理的1.0版。2.0版是全面实施“让广东河更美”三年大行动，计划到2020年基本实现河畅、水清、堤固、岸绿、景美。3.0版是高标准规划建设广东万里碧道，在南粤大地打造“清水绿岸、鱼翔浅底、水草丰美、白鹭成群”的生态廊道。

第三，营造全社会共同参与的良好氛围，让人民群众“参与得进来”。广东通过聘请社会监督员、招募民间河长、设置河道警长、开展护河志愿服务等多种方式，推动河长制湖长制进企业、进校园、进社区、进农村，营造社会共建共治共享的治水新格局。

撰稿：谢庆裕

■ 茂名高州一贫困户喜迁新居，亲朋好友齐聚共贺

茂名高州：
别了危房住新屋　幸福生活更有劲

高州市南塘镇丰垌村村民杨进全仍清晰记得2019年元旦搬进新房的情景。“早就想建新房，但钱不够，一直等到有政策补贴了，终于建起舒服的新家。”新房有客厅、厨房、卫生间、卧室，红砖砌成，粉刷后显得干净整洁，杨进全从此告别了刮风下雨担心房塌的日子。

2018年，在广东省住房和城乡建设厅、财政厅牵头下，高州市完成2627户农村危房改造任务，获得国务院督察激励。2015—2018年，高州累计改造14406户农村危房。

“农村危房改造是一块‘硬骨头’，国家、省下达任务目标后，高州想尽一切办法解决实际改造过程中遇到的大量难题。”茂名高州市委书记黄晨光表示。

面对农村危房改造的难题，土地、资金、房屋质量等问题如何逐一化解？调研团队深入茂名高州市，探寻啃下农村危房改造“硬骨头”的治理秘诀。

精准帮扶：2627户贫困户搬进新家

危房变新房，2018年像杨进全这样从泥砖危房搬进结实砖房的高州农村贫困人口一共有2627户。

高州市地处山区，由于地理位置、经济发展、人口较多等因素，农村危

■ 杨进全和母亲坐在新房前

■ 镇江镇水郁村委会贫困户覃文生新居进宅

房改造存量大，是全省改造任务最多的县级市之一。“以前住的泥砖房墙体基本开裂，瓦片也碎了很多，漏风漏雨，居住条件很差。”高州市住房和城乡建设局负责人说，遇到台风暴雨等天气，村民就要立刻转移。

“经过前几年的大规模改造，2018年剩下的都是最难啃的‘硬骨头’。”该负责人介绍，面对这一重任，在高州市党政主要领导亲赴一线，纵向实行县级四套班子包镇（街）、镇（街）班子包村（居）、村（居）“两委”班子包农户制度；横向由住建部门牵头，统筹扶贫、民政、残联等有关单位职能，合力推进危改工作。

高州市2018年的危改户基本是农村分散供养特困户、低保户、建档立卡贫困户等，年纪大、文化水平低、改造意愿不强，如何让其知晓政策、转变思想，成为要解决的第一个难题。

在南塘镇丰垌村，很多新房门前都挂着精准帮扶联系卡，住户基本情况一目了然。“这些都是贫困户、五保户，我们一户户走访登记，然后进行危房改造。”高州市扶贫办主任邓锦信说，农村危房改造补助的对象是长期居住在唯一危房中的农村建档立卡贫困户、五保户、低保户、贫苦残疾人家庭，他们文化水平一般不高，“不能漏掉任何一户，于是扶贫干部到村里一户一户确认，精准找到贫困人口”。

为让政策到达每户，高州市制定农村危房改造政策明白卡、农村危房知识普及手册等，再由对口帮扶干部一对一到户讲解。通过“包干到户、责任到人”的工作机制，实现政策精准告知。

如何转变危改户思想也是另一难题。有部分危改户要求选日子、选风水，认为当年不适合“大兴土木”，不愿意改造。

让政策精准到户，在共建共治共享的治理理念推动下，危改户的观念悄然发生了变化。“我们挨家挨户讲解危改政策，告诉他们政府有补助的日子就是好日子，错过就没了，最后说服了危改户。”高州市石鼓镇规划建设办副主任郭新喜说，在实际开工时，也会尊重这些风俗，选在建军节、国庆节等“大日子”动工，卸下农户的思想包袱。

啃“硬骨头”：想方设法解决资金用地等难题

“在实际建设中，可以说2627户就是2627个难题。”高州市住建部门负责人表示，为解决这些具体问题，采取“一户一策”的工作方法。

改造首先面临资金问题。因资金不足，南塘镇丰垌村村民杨进伟一度觉得建了一半的房子要烂尾了。

杨进伟一家5口原本住在小小的泥砖危房里，改造中地基刚打好，妻子不幸生病去世。治病、丧葬让本来贫穷的家庭雪上加霜。

“看到这情况很着急，想各种办法筹钱。”丰垌村村支书蓝兴友发动村干部捐资1000多元，自己又借出1万元，同时出面找到建材商赊一些建材。得知杨进伟困难后，帮扶单位珠海高栏港也再帮扶1万元。

“大家都想办法帮我，很感动，就咬咬牙继续建。”杨进伟最终完成主体工程，但此时再没资金加装门窗。这个问题一直留在蓝兴友心里，一次到

■ 丰垌村村民杨进伟的孩子期末考试得了第一名，他说希望孩子未来有出息，可以把房子建得更高

镇上办事时，他恰好发现镇上有人在装修，拆出两扇旧门，便协调将门带回村里，解决了杨进伟房门的问题。2018年10月，杨进伟顺利住进新房。

另外，根据危改政策，贫困户有4万元/户、五保户有3.4万元/户补助。但为确保资金切实用于危房改造，须等竣工验收后拨付，这意味着改造期间危改户须先垫付资金，但一些危改户积蓄不足，工程队也不愿垫付先建。

“面对这个问题，政府想到办法统一找工程队建，有了政府做担保，工程队也就愿意垫钱先建。”石鼓镇镇长廖华剑表示。在石鼓镇沙坡村，村支书程永儒找到本村施工队，按统一合同、图纸建房，“本村人相互熟悉，有了村委会做担保，他们信得过，也就愿意先垫钱建。”政府统一建，相比于危改户自己找建筑队，更能保障房子质量，也利于掌握施工进度。

此外，用地困难也一度阻碍危改工作推进。部分贫困户原居住房属于亲属共有，亲属不同意拆建，此外不少贫困户也没有自己的地。

如何解决这些问题？在南塘镇丰垌村，村民杨海新2018年搬进新房。此前他住在祖屋的中间一间，如果从中间拆建，对两边房屋影响较大，亲属一直不同意动工，“不断给他亲属做工作，最终说服让出最旁边的一间，改建成砖房”。石鼓镇黄坡村五保户卢家德，此前一直租住在亲戚家，没有土地，于是村委会拿出一部分村集体土地，帮他建起30多平方米的砖房。

为保障房屋质量，2018年以来，高州市住建部门举办多期危改技术质量培训班，成立了危改工作指导组，印发了具有粤西特色的房屋设计图集，出资10多万元委托2家监理公司组织技术人员，在房屋选址、建设过程安全技术指导、建房材料质量检查、竣工验收等环节进村入户检查指导。

汇聚合力：创新探索危房改造新路子

长坡镇土域村村民邱海平家在山腰上，建筑材料只能靠人力搬运。由于缺少资金，房子刚打好地基，建设就停下来了。

怎么办？听到这事，对口帮扶干部、高州市建设工程造价管理站站长莫广兴自掏腰包，拿出近3000元。他还发动党小组、社会志愿队一起募捐了近1.5万元。

邱海平看着房子建起来，打心眼里感激推动危房改造的干部们。“现在再也不担心刮风下雨了，住着又舒服。”

邱海平的孩子考上大学。读哪个专业毕业后好找工作，能改善家里条件？莫广兴帮忙出主意，填报土木工程专业。“看到贫困户确实困难，就想着尽可能帮助。”莫广兴说。

邱海平的新房故事背后，是一群基层干部、帮扶干部对政策的给力推动。2627户危改户建起新房，离不开多方力量的共同支撑。

高州市第二建筑公司工程队负责人丁就，2018年承接了石鼓镇24户危改户的统一改造工作。但年底河沙、水泥等建筑材料价格上涨，超出预算。丁就找到做建材的朋友，他们了解到用于危房改造，是帮助困难群体，就以相对便宜的价格出售。终于在2018年12月15日，24户新房全部交付，危改户搬进新家。

而在曹江镇珊阁村，帮扶单位珠海高栏港等资助100多万建成的老年公寓，将危改工作与乡村振兴结合，在保障住房安全的同时，还解决了五保危改户陪伴、养老等问题。

珊阁村颐福院二楼，刘其芳老人正在看电视，他说现在的房子比以前好了太多，“住着很安全、舒服，侄子还给我装了空调”。同一层的罗庆成老人正和隔壁的老人聊天，他说现在大家住得近，过节还能一起喝个小酒，生活也丰富了。

珠海高栏港经济区驻村第一书记梁舜发介绍，通过整合相关危改户补助款87万元、帮扶单位捐助109万元、当地民政部门资助20万元，探索出在村集体闲置用地上建起这座养老院。这种集中安置的方式，解决了亲属共有房难分拆建造、无土地等难题，且养老院就在村中，老人们住着也习惯，“每年村集体的石榴园还会分红4万元到养老院用作运维，老人居住都是免费的。”目前，这样的创新危房改造方式也在高州其他地方试点推行。

“总结起来，能完成危房改造工作就是靠多方支援，想尽一切办法解决各种问题。”高州市住建部门负责人说，一方面发挥党建引领作用，市委领导重视，各级党委干部靠前指挥，同时茂名市住建局的积极指导，高州住建局党组成立党员先锋模范队周末下乡指导危房改造，还发动乡贤、帮扶单位、志愿者、施工队帮助，捐资捐物。

目前，高州市正在统计2019年新增危改户，国务院督察激励的500万元将全部用于危改工作。了解到改造过程中的资金问题后，高州市计划在2019年，对确实有困难的危改户，由帮扶单位每户再帮助2万元。

【专家点评】

华南师范大学经济与管理学院三农与城镇化研究所所长胡靖：
加快危房改造　推动乡村振兴

国家精准扶贫开展至今，大多数的贫困户已经“吃不愁、穿不愁”，但住房一直是个问题。因涉及资金较多，贫困户自己一般难以解决危房改造问题，因此非常需要政府的危房改造政策。广东省的农村危房改造工作做得比较扎实，通过建档立卡、定点拆除、一对一帮扶等，应该可以全面、彻底解决农村贫困户的危房问题。高州市这次获得国务院督察激励，是对全省农村危房改造工作的肯定。

在具体推进农村危房改造的过程中，我们还应注意危房改造与精准扶贫结合。有些因病致贫的家庭，治病已花费几乎全部积蓄，很难再有钱修房，这部分贫困户就应该是重点帮扶对象。

改造过程中还要加强监管。首先要监管危房改造的质量。有些危改房设计不合理、施工质量也比较粗糙，由此需要委托信誉较好、有社会责任感的建筑公司、建筑队，以确保危房改造质量。其次要监管资金的使用，可实行专款专用。如在一个镇，可提前预算，统一采购水泥、钢筋、红砖等建筑材料，确保贫困户能切实得到实惠。

我们还要注意村庄文化、村庄历史的保护。农村很大一部分危房具有村庄历史文化意义，特别是在一些古村落，通过包装、改造，完全可以将其变成乡村旅游的历史文化符号，由此带动乡村旅游业的发展。

同时，危房改造应结合乡村规划，不能是一拆了之。各地在危房改造过程中，应充分重视村庄的建筑规划、道路规划、土地规划等，通过危房改造提高土地利用效率和村民的居住舒适度。对于陈旧的危房，不符合规划的，坚决予以拆除；对于符合规划的，加固保护，发展乡村旅游业；对于拆迁的新房，应符合规划和本土的建筑特色。

总之，农村危房改造是乡村振兴的一个机遇，不能急功近利，要放在长远的乡村振兴、乡村规划的框架内进行，让其成为乡村振兴新的机会和抓手。

撰稿：张子俊　刘俊

顺德“村改”干部深入群众开展工作

佛山顺德：
攻坚“村改” 为高质量发展造空间

2019年7月，佛山市顺德区龙江镇宝涌工业区改造方案以全体股民98.8%同意率通过村集体表决，这标志着宝涌千亩园区改造方案成功落地。作为龙江镇仙塘村党委书记，也是曾经的一名企业家，赖珠兴明白很多人对村级工业园改造“又爱又怕”。

此前仙塘宝涌工业区（一期）进行了探索。一期地块已在2019年4月9日顺利出让，政府将几乎全部土地出让款留给了村里，竞得方万洋集团向政府承诺厂房亩均税收约40万元，并将给村民无偿配建3万平方米标准厂房。

类似仙塘村的故事正陆续上演。2018年以前，顺德的村级工业园占全区已投产工业用地面积的70%，却只贡献27%的产值、4.3%的税收。一年多来，顺德将村级工业园改造作为“头号工程”，并在2018年国务院办公厅督查中以“土地节约集约利用成效好、闲置土地少且用地需求量较大”被通报表彰，获奖2500亩用地计划指标。

租金收入翻番　“再进园区的必须是高质量企业”

“‘村改’真正的意义是什么？是扶持那些做得好的企业，不是要把它们赶走。”赖珠兴说，村级工业园脱胎于改革开放早期的“家家点火户户冒烟”，对村子有过很大贡献，但是如今非改不可，“群众不一定希望通过‘村改’分很多钱，但是要把整体的生活环境提升，差环境也引不来好企业”。

■ 建设中的顺德万洋众创城

仙塘村原本向企业出租土地，企业在租得土地后自己建设厂房，这种村级工业园运行模式在顺德非常普遍。“租地”的收益比“租房”少了一大截，仙塘宝涌工业区（一期）约150亩土地，村里每年获得的租金收入只有约200万元。同时，村集体、政府对企业的影响力也较弱，难以杜绝乱排放、偷漏税等现象。

在将原先的租户迁走、集体土地转为国有并公开出让之后，村里除了1亿多元的一次性收入，还获返还3万平方米标准厂房。按照每月12元/平方米租金来计算，每年的预期收入超过400万元，相比原先翻倍。实际上，目前顺德不少新建厂房的租金已经达到20元/平方米。赖珠兴说：“属于村里的这部分厂房，我们计划把价格定低一些，定向扶持本村的优质企业。”

打造优质的产业空间载体，引进和扶持优质企业，是顺德率先建设广东省高质量发展体制机制改革创新实验区的必经之路。佛山市委常委、顺德区委书记郭文海表示，当前制约顺德发展的空间问题、安全生产隐患问题、环境污染问题主要集中在村级工业园，“村改”是一场必须打而且必须打赢的攻坚战。

仙塘宝涌工业区（一期）地块将会建成佛山顺德万洋众创城，项目负责人周祖泰每天都在接待来自珠江三角洲各地的企业家。从2019年6月下旬开始，已有35家企业与其签订了进驻协议。

“我们把厂房售价定得比市场同类园区更低，而且提供配套的金融、物流等服务，也为小微企业搭起了与政府更好沟通的桥梁，所以有挑选优质企业的底气。”周祖泰说。

利益博弈平衡　采取市场化的协商手段

吸引高端产业、优化生态环境、提高村民收入、改善城乡面貌、增加政府税收……对于村级工业园改造的好处，几乎人人都能随口说上几句。但是真正到了“村改”一线，各方却展开了一场场艰难的利益博弈。

对于大部分“拆旧建新”类型的园区改造来说，第一步就是要让现有的

■ 乐从上华智能智造产业园是政企联合开发的村级工业园改造新型试点项目

企业搬走。每家企业都签订了租赁合约，如何肯主动停产搬迁？最重要的一方面，就是采取市场化的协商手段，对企业进行租金和经营补偿。

村里补偿资金不够的，政府为其垫付一部分款项，等改造完成后再归还。在乐从镇上华村东区工业园，大部分园区土地的合约都是三年一签，企业配合程度相对较高。“对于个别租期长达数十年的合约，村里一事一议，提出了让企业接受的价格。”上华村委会主任陈新灏表示。

园区改造事关产业高质量发展，企业清楚地认识到这是不可阻挡的趋势。顺德容桂人伍劲波曾经在细滘工业园租赁了20亩土地，从事物流经营，也利用一部分富余土地建设厂房出租。他不仅主动配合园区改造，还帮助动员租户搬迁。

上华村东区工业园是顺德最早启动的改造项目之一，村民们的信任度尚未建立，最终确定采用集体土地使用权流转的形式引入开发商，并且流转年限从50年缩短到30年。仙塘宝涌工业区则采取“挂账收储”形式，绝大部分土地出让收益留在了村里，而且对土地使用进行多重限制，保障公共利益。

对于政府来说，村级工业园占用全区已投产工业用地面积的70%，却只贡献27%的产值和4.3%的税收，距离高质量发展综合示范区的目标还有相当差距。因此，政府也设定了新园区的税收底线。

多元主体共建　打造20个3000亩以上现代产业集聚区

2019年6月，中国农业大学土地科学与技术学院副院长朱道林到顺德考察。他表示，只有做好土地供给和市场需求之间的衔接，旧园区改造工作才能取得成功，顺德在此方面提供了可借鉴的经验。

7月10日，顺德容桂举办2019年土地项目推介会，将顺德南入口新兴产业园、顺德集成电路产业园（四基）、红星聚胜工业区等一批村改重点项目地块推向市场。从2018年以来，从区级到镇街，这样以村级工业园改造项目为特色的土地推介会已经举行多次。

中小微企业离不开专业的园区服务，他们也成为帮助政府与企业之间沟通的桥梁。“目前顺德村级工业园存在弱运营甚至无运营状况，这正好是做产业园运营的企业的发展良机。”深圳市中集产城发展集团有限公司投资四部总经理助理邹建章表示，该公司正是被顺德村改后对产业园运营的需求吸引过来的。

在顺德将村级工业园改造列为“头号工程”的一年多来，不只是顺德周边地区，北京联东、苏州兰生、温州万洋等一批国内知名的产业运营商都已纷纷进驻。“顺德区位好、政策好、机会好，我们不想错过。”苏州兰生产业集团副总经理衡雷说。

针对部分村居在土地前期整理中资金和能力不足的情况，顺德在政府提供直接支持的同时，创新了“一二级开发联动”的政策，村居集体通过公开选定市场主体投资合作方，完成土地整理后可直接将土地协议出让给有关主体进行开发建设。

从村民到集体、从政府到国资、从制造企业到园区运营商，顺德正在发挥多元主体的合力，推动村级工业园改造。按照计划，顺德将连片规划建设30个左右生态集约的高标准现代主题产业园，到2022年形成20个3000亩以上的连片现代化产业集聚区。其中在2019年内，顺德将实现2万亩的阶段性改造目标。

【专家观点】

中国农业大学土地科学与技术学院副院长、教授朱道林：
政府与市场共同发力　让“三旧”改造走在前列

在全国建设用地总规模控制的背景下，当前新增建设用地的空间越来越有限，必然要通过存量建设用地的改造来实现土地集约化利用。从全国“三旧”（旧城镇、旧厂房、旧村庄）改造的视野来看，顺德的村级工业园改造经验具有一定的典型性。通过村级工业园改造，很好地回应了当前区域经济增长与土地利用的三个普遍性问题。

首先是产业升级换代问题。珠江三角洲作为改革开放的前沿阵地，经过40年的先行发展，无论是产业类型与生产方式，还是区域用地格局与建筑质量，都已经到了升级换代的时候，因此“旧村”改造为产业升级换代提供了路径。

其次是集体经营性建设用地合理开发问题。改革开放以来珠江三角洲的发展路径以“乡镇企业”突飞猛进为典型特征，而乡镇企业在用地与规划上存在普遍的混乱现象，因此，“三旧”改造既解决了土地有偿使用制度的规范化问题，也有利于促进集体经营性建设用地按规划使用、按市场规则配置的改革方案落地。

最后是如何推动节约集约用地问题。所谓“三旧”是典型的土地粗放利用，通过改造提高建筑密度和容积率，实现集约化用地。例如我们实地考察的容桂恒鼎工业园，九层的标准厂房，大大提高了土地利用效率。

对许多城市而言，旧村改造从前期整理到后期建设需要大量资金，钱从哪里来？多层厂房建好之后，是不是都能租出去、卖得掉？顺德的园区改造有市场，这是改造成功的根本动力。另外，在政府方面，既要尊重市场主体的选择，也要对园区改造和产业发展有规划、有引导、有管控。要运用市场的力量，但绝不是交给市场就不管了，否则也会出问题。政府能够在关键环节解决问题、协调各方关系，科学规划与引导，也是整个广东“三旧”改造走在前列的重要经验。

撰稿：熊程

第三章 科创一线透视镜

自2019年2月18日《粤港澳大湾区发展规划纲要》发布以来，大湾区建设不断提质增速，释放出强大动能，为广东经济高质量发展注入新活力。

本书调研团队深入湾区创新的最前沿——广深港澳科创走廊，走进科技产业园，对话创业者与企业家，现场感受大湾区这片热土涌动的蓬勃生机，以广深港澳科创走廊为样本，透视解码背后的经济新亮点。

超级导师：
撬动湾区创新的新力量

——最近，李泽湘频繁往返香港与东莞两地，推动东莞松山湖国际机器人产业基地发展。作为香港科技大学教授、香港X科创平台联合创始人，他之前最广为人知的身份是大疆创始人汪滔的导师。

——香港科技园，一年一度的创客开放日活动正在进行。总裁黄克强表示，“希望吸引到大湾区及全球科创人才”。

——每周五晚上，高民都会驱车经南沙大桥返回香港家中。大学毕业后，他便来到南沙的香港科技大学霍英东研究院（以下简称“霍英东研究院”）工作。

李泽湘、黄克强、高民……这些超级导师的足迹，勾勒出粤港澳大湾区科技创新加速的新路径：发挥科创“领头人”作用，齐聚全球创新要素资源，推动科研成果加速应用。

最新数据显示，在粤港澳大湾区有超过4万家高新技术企业、超过40万从事研发的科学家和工程师。越来越多的超级导师构成了建设国际科技创新中心最为澎湃的活跃动能，助力粤港澳大湾区迈向全球科技创新高地。

连接的故事：整合湾区创新资源

“目前，香港科技园与广州南沙、深圳南山等地园区的交流越来越多。”采访当天，黄克强与广州、东莞等多个考察团进行了项目交流。他表示，在粤港澳大湾区发展机遇下，香港的科技创新迎来黄金期。

作为香港科技园的负责人，他认为首要任务就是连接大湾区优质的创新

■ 高民参与建设的国家超级计算广州中心南沙分中心

资源。“大家所熟知的商汤科技最早也是在香港科技园孵化，我们希望能孵化出更多明星科技企业。”

科技公司Koofy Development（酷飞发展有限公司）正是在香港科技园孵化。创始人马颂祺说，香港科技园不仅营造了一个很好的创新生态圈，同时能够对接整个粤港澳大湾区的资源。“以前，我们要去广州、东莞等地找合作企业。如今，入驻科技园能快速对接到大湾区其他城市。”

随着《规划纲要》的出台，三地政府全力推动政策实施，人才、资金、技术等创新要素加速流动，超级导师扮演的角色也越来越重要。

在国家超级计算广州中心南沙分中心，两列黑色的计算机柜整齐矗立。依托霍英东研究院与香港科技大学分节点之间铺设的专用数据通道，香港科研界可以直接运用广州超算中心“天河二号”这一世界级的超算资源。

如今，高民担任霍英东研究院物联网研发部总监。在研发新技术的同时，他还推动孵化了多家创业公司。

阿南教育科技（广州）有限公司就是其中的一家。创始人兼CEO宋永霖表示，在霍英东研究院创业的优势就在于：一方面是技术基础雄厚，另一方面是便于对接香港的各种资源，包括教授、企业、专业人才，等等。“这些资源是创业公司接触不到的，需要像高民博士这样的超级导师。”宋永霖说道。

广东省委党校决策咨询研究中心教授蔡兵认为，建设具有全球影响力的国际科技创新中心，是实现粤港澳大湾区高质量发展的一项关键工作。做好这项工作，需要发挥好粤港澳三地各自的创新优势，而超级导师，正是连接湾区创新优势的重要力量。

转化的提速：从高校实验室到生产车间

在东莞松山湖，机器人企业李群自动化技术有限公司（以下简称“李群自动化”）研发生产的轻量机器人正在进行测试。2018年10月，这家公司宣布完成亿元级C轮融资。

这是香港科技大学李泽湘教授领衔的团队孵化出来的又一家年轻的创新型企业，业内有人将之称为“泽湘现象”。李群自动化的CEO石金博，毕业于香港科技大学电子与计算机工程专业。博士期间开始创业，当时正是师从李泽湘。

目前，李群自动化成功推出了包括Apollo系列并联机器人在内的多款产品，已成功突破高性能工业机器人等技术瓶颈，能够为有自动化需求的大规模生产制造商提供全套机器人自动化解决方案。

从高校实验室到生产车间，正是一批批像李泽湘这样的超级导师推动了科研成果的加速转化。

“大疆、李群自动化等学院派创业公司的崛起，离不开粤港澳大湾区中的科研与供应链融合优势。大家都说，粤港澳大湾区是The hollywood of makers（创客好莱坞）。”李泽湘如是说。

2014年底，李泽湘将香港更多科研资源带入东莞，松山湖国际机器人产业基地正式启动。数据显示，基地引进了来自英国、中国香港、广东等地的53家创业企业和32个创业团队，短短3年时间里实现了80%的孵化成功率。

与李泽湘一样，同为香港X科创平台的另外一位联合创始人陈冠华，目前在香港大学任教。位于香港佐敦上海街80号的一个联合办公室里，他带领孵化的创业团队正在讨论项目最新进展。

■ 香港X科创平台的另外一位联合创始人陈冠华

如今，李泽湘、陈冠华已经成为连接香港与内地科技创新的重要桥梁。

在资金方面，香港X科创平台有三个机构：一是公益性质的香港科创基金会，二是孵化器，三是创客基金，规模几亿元。李泽湘说，平台里很多高校导师来指导创业团队，这些导师也会投资，是天使投资人。

较高的原创技术壁垒、完整的市场产业链、全球风险投资资本——得益于李泽湘、陈冠华这样的超级导师，粤港澳大湾区的众多科研团队能够从实验室里脱颖而出，快速进入全球商业市场。

创新的期待：孵化出下一个大疆

“我们也想孵化出下一个大疆，眼下如何让科创人才汇聚南沙是最迫切需要解决的问题。” 高民坦言，全球科技竞争最核心的还是人才竞争。就南沙而言，交通、医疗、福利、税收等多项配套服务还需继续完善，才能在新一轮的全球人才竞争中占有一席之地。

■ 粤港澳青年创新创业工场（福田）吸引了不少创业团队入驻

在深圳福田的粤港澳青年创新创业工场，一场科技人才招聘会正在进行。

目前，粤港澳青年创新创业工场平台进驻创业团队22个，发明专利超过20个，培育高新技术企业1家，2018年至今获得各类融资超过1亿元。

负责人邓小昆表示，尽管不断招聘，但专业科技人才还是短缺。另外，要实现粤港澳大湾区人员、信息、资金等要素的自由流动，未来还需要不断“拆墙”，破除大湾区建设发展的各种障碍。

在他看来，要孵化出下一个大疆，需要更多超级导师发挥伯乐作用，寻找并培养一批具有国际视野、熟悉中国国情、扎根新兴产业的新一代创业家。

人才之外，资金如何实现自由流通，是建设一流湾区的另一个重要课题。

“如何发挥香港国际金融优势，把粤港澳大湾区打造成国际科技创新中心。当前遇到的最大瓶颈，可能还是创投资本流通不是很顺畅。” 陈冠华坦言，香港的风投基金要将港币转成人民币才能投入内地市场，两地资本融通并非完全顺畅。

当前，粤港澳三地在科研、产业、人才和对接全球资源方面各有所长。建设具有全球影响力的国际科技创新中心，必须要着力构建开放型区域协同创新共同体。

2019年3月，《关于进一步促进科技创新的若干政策措施》正式印发实施，提出一系列突破性政策措施。其中提到，支持港澳高校、科研机构牵头或独立申报广东省科技计划项目。

省财政科研资金过境港澳使用，成为粤港澳大湾区创新要素流动新的突破点。

“粤港澳大湾区能不能成为一流湾区，能不能成为世界级城市群，关键要靠创新，首先就要打破体制、利益约束，更好集聚和配置创新资源。”正如著名经济学家、国家发展改革委原副秘书长范恒山所说，要探索建立有利于人才、资本、信息、技术等创新要素跨境流动和区域融通的体制保障与政策支撑。

撰稿：彭琳　李赫　黎华联　唐子湉

布局未来：发现大湾区的创新蓝海

“我们研发的是机器人最核心的部件，类似人的眼睛。通过3D机器视觉技术，机器人可以自动感知物体位置。”深圳显扬科技创始人、总经理丁克说，公司入驻了粤港澳青年创新创业工场（福田）。“创业的目标很清晰，争做全球人工智能3D机器视觉技术细分领域的领军企业。”

从“机器之眼”到“工业大脑”，丁克和团队的努力攻坚背后，越来越多创客正在扎根大湾区，探寻产业创新发展的新蓝海。《规划纲要》提出，建设全球科技创新高地和新兴产业重要策源地。走访大湾区的多个创新集聚区可以发现，越来越多初创企业选择从新兴产业切入全球创新链，成为新兴产业策源地建设的一股重要力量。

以人工智能、生物医药、新一代信息技术、高端装备制造为代表的新兴产业加速崛起，正在重塑粤港澳大湾区的产业格局。

新蓝海：战略性新兴产业成创业风口

在显扬科技的“工业之眼”的引导下，机器人通过对散乱无序的物品进行数据扫描，实现三维精准定位，能够在复杂的应用环境中准确地抓取物件。据丁克介绍，目前公司的产品主要用于机器人引导、工业检测与测量，在3C、物流、食品等多个领域得到广泛应用。

在粤港澳大湾区，类似显扬科技的新产业公司在不断涌现。

在深圳湾科技生态园，“识路”室内定位系统正在紧张部署。该系统可实现室内空间精确导航，这项技术正是来自广州码石信息科技有限公司。据公司经理孙涛介绍，该项目是目前世界最大的室内定位项目之一，覆盖面积近100万平方米。“室内定位系统上线后，深圳湾科技生态园将实现室内外定位导航一体化。”

在香港科技园，由香港高校团队与中国移动联合研发的5G自动驾驶无人车正在进行部分路段测试。“5G与自动驾驶是全球产业未来的风口，香港拥有全球领先的高校基础科研实力，我们希望通过与中国移动的合作，尽快实现商业应用。”团队项目负责人项深如是说。

《规划纲要》公布以来，大湾区发展脉络日益清晰，建设国际科技创新中心的步伐加快。人工智能、生物医药、新一代信息技术等战略性新兴产业，成为创客掘金湾区的新蓝海。

创客之外，触觉敏锐的孵化机构也将更多的注意力和资源转移到新兴产业上。

孵化显扬科技的粤港澳青年创新创业工场（福田）负责人邓小昆表示，

■ 由香港高校团队与中国移动联合研发的5G自动驾驶无人车正在进行部分路段测试

下一步工场将在人工智能、生物医学、新材料等领域建立高层次开放式专业技术平台，为三地青年提供技术创新支持。

入驻粤港澳青年创新创业工场（福田）的声希科技创始人孙立发，专注于人工智能与教育领域的结合。

“粤港澳大湾区为香港创业者带来了源源不断的机遇。”香港贸发局助理总裁梁国浩表示，香港将进一步完善优势资源，包括研发能力、法律制度及知识产权等。同时，充分发挥“超级联系人”的作用，协助大湾区的科创公司与国际接轨，走向海外市场。

新模式：产学研联动超越地理意义

新兴产业加速崛起的背后，产学研的合作模式正在跳出城市之间的联动，立足整个粤港澳大湾区，面向全球整合资源，一个产学研的大湾区全新圈层正在出现。

广州码石信息科技有限公司，正是孵化于南沙粤港澳（国际）青年创新工场。自2007年落户南沙以来，已有超过60位香港科大知名教授依托研究院在内地参与科技成果转化。

“重点面向粤港澳大学生及青年创新创业主体，挖掘具有技术创新的研发和创业项目，尤其是新材料、新能源技术以及物联网等领域。”据霍英东研究院物联网研发部总监高民介绍，截至2018年底，南沙粤港澳（国际）青年创新工场签约入驻初创项目累计54个。

欲打造世界级科技湾区的创新生态圈，科研成果快速实现商业转化是关键的一环。在粤港澳大湾区内，产学研跨城联动的新模式为科技创新注入新活力。

“目前，香港很多高校都设有‘科研专利转换工作室’等机构，鼓励老师和学生将在校期间的科研成果转换成实际的产品。”85后香港创客林恒一说，2015年在香港理工大学读博二的他获得基金支持创业成立万家智控有限公司，为智能化大厦提供解决方案。

■ 港澳地区首家国家级众创空间——澳门青年创业孵化中心

为了寻求更广阔的发展空间，2016年，林恒一带领团队进驻前海深港青年梦工场，成立深圳凝方科技有限公司，开启了深港两地创业。

为什么将研发中心放在深圳前海？他表示，深圳有着丰富的产业链资源，从采购零部件、焊板到量产等工序都可以一站式实现。“同时，这里有很多风投资源以及政策优惠，对我们非常有吸引力。”

湾区跨城多地的产学研联动，不仅是地理意义上的联动，更重要的是通过平台的力量整合人才、技术、资金等无形资源，节约了寻找关键性技术的时间成本。

在澳门科技大学的人工智能实验室里，高校团队正在进行新一轮的产品内测。目前，澳门科技大学与广州、深圳等多地企业联合研发生产的人工智能商业机器人已逐步市场化，销量可观。

“随着粤港澳大湾区建设的推进，未来产学研的跨区域联动将越来越深入。”在澳门科技大学校长刘良看来，产学研一体化将成为粤港澳大湾区建设科技一流湾区的关键所在。他希望，未来能将澳门科技大学的部分科研分支机构落户到珠海、中山等地区，推动澳门与大湾区其他城市的科技合作。

新梦想：为创新创业提供广阔空间

在深圳粤港澳青年创新创业工场，来自香港的博士正在和团队讨论新的创业项目，辗转内地从事贸易十多年的香港老板开始在深圳做天使投资，错峰通勤上班的香港老教授走进了办公室……创新蓝海可以预期的全新空间，正在吸引着越来越多人选择粤港澳大湾区开始创新创业。

丁克就是人才流动的典型代表，香港中文大学硕博连读之后，他选择深圳作为创业的起点，“深圳容易吸引到全国甚至全世界的优秀人才”。持有同样观点的还有舒糖讯息科技（深圳）有限公司CEO香港人何耀威，他也选择在深圳创业，“找高科技的人才会更容易”。

据不完全统计，自广州南沙、深圳前海、珠海横琴三地设立港澳青年创新创业平台以来，已有360多个港澳青年创业团队落户，就业人员近4000人。

■ 舒糖科技团队正在测试产品

在香港大学教授、香港X科创平台联合创始人陈冠华看来，创新主要是依靠人才，粤港澳大湾区作为一个整体更具吸引力。

“随着粤港澳大湾区发展的推进，凭借毗邻广东的区位优势，香港科技企业的市场空间大大扩容了，让我们看到了未来发展的无限可能。”香港创客何耀威如是说。如今，他每周乘坐高铁往返深圳、香港两地之间，公司刚刚完成了第四轮融资。

澳邦药厂行政总监蔡健华也有着同样的期待。入驻粤澳合作中医药科技产业园后，企业不仅打开了内地市场，还推开了“一带一路”葡语国家的市场大门。“借助粤港澳大湾区建设，我们希望能对接内地，走向世界。”

撰稿：黎华联　王佳欣　彭琳　唐子湉　李赫

科创走廊：创新要素流动的“快车道”

在深圳湾科技生态园，一项名为“识路”的室内定位系统正在紧张部署，覆盖面积近100万平方米，可以实现室内空间的精准导航。

这项技术的研发公司孵化于香港科技大学霍英东研究院。研究院位于广州南沙，是连接广东与香港科研、技术及人才的重要通道，其孵化的创业公司则在粤港澳大湾区各个城市加速应用落地。

伴随着广深港澳科创走廊的建设，大湾区创新要素跨城布局后，经济要素的流动正在沿着新的通道开启加速度。走访广深港澳科技创新走廊可以发现，这里的科技产业园区正在承接着科创走廊带来的创新流量。园区内各种创新要素通过高效、有序、规范的流动、循环、聚合，规模不断扩大，带动协同创新。

流动的新力量：创客跨城布局　推动要素重组聚合

粤澳合作中医药科技产业园落户于珠海横琴新区高新技术片区，约50万平方米的园区内坐落着数栋新落成的研发大楼。在这里，来自澳门和广东的中医药产业企业与科研实验室打通了信息、技术、人才等流通的壁垒。

“产业园不仅为中小企业提供设备、政策指导等服务，还联动各大院校的专家团队与科研团队，开展符合国家重点科技项目的研究。”粤澳合作中医药科技产业园董事长吕红表示，产业园作为一个重要开放平台，为园区入驻企业的产品研发、检测服务等提供技术支撑。

在广深港澳科创走廊上，园区经济正在发生新的变化。资金、人才、技

■ 珠海市横琴粤澳合作中医药科技产业园内，科研人员正在实验室内调配试剂

术、信息等资源要素向广深港澳科创走廊聚集，各种资源要素的重组整合带动园区经济的发展，并将形成巨大的经济能量，向周边地区乃至更远的地区辐射。

在深圳福田粤港澳青年创新创业工场（以下简称“创业工场”），来自香港的创业团队正在开会讨论项目进展。创业工场位处于深圳和香港的跨境边界，从玻璃窗望去，即是一江之隔的香港。

“建立创业工场的一个最重要目的，是希望能够为未来的落马洲河套港深创新及科技园提供示范和实践作用，引领粤港澳青年创新创业，聚集优势资源。”创业工场负责人、深港产学研基地产业发展中心执行主任邓小昆如是说。

舒糖讯息科技（深圳）有限公司是入驻工场的香港创业企业之一，CEO何耀威每周都在深圳、香港之间跑动。在创业工场的帮助下，公司刚刚完成了第四轮融资。“随着粤港澳大湾区发展的推进，香港科技企业的市场空间大大扩容了，我们看到了未来发展的无限可能。”

自2018年成立至今，创业工场在福田区政府和深港科技合作促进会的共同推动下，已经成功孵化了23个创业项目。众多科技产业园区的跨城联动，正是粤港澳大湾区创新要素加速流动的缩影，更折射出背后要素流动激发的新力量。

创新的加速度："赶上粤港澳大湾区发展的快班车"

科技园区的跨城布局，不仅推动创新要素重组聚合，更是加大了粤港澳三地创新创业企业的联动合作。

前海深港青年梦工场，85后香港创客林恒一与研发团队正在进行产品内测。2015年，林恒一在香港成立万家智控有限公司，为智能化大厦提供解决方案。第二年，团队便进驻前海深港青年梦工场，成立深圳凝方科技有限公司。

"深港两地创业资源的联动，让公司发展很快驶入快车道。目前，内地大力建设智慧城市，正是运用智能楼宇的好时候，我们赶上了粤港澳大湾区发展的快班车。"据林恒一介绍，公司研发的系统利用人工智能算法建立人体温度舒适感模型。目前，公司已与香港太古、恒基等大型地产企业建立合作。

另外一位香港创客李英豪也将目光转移到粤港澳大湾区。2011年，李英豪在北京创立金融公司钱方好近。创业8年后，2019年李英豪将公司业务重心从北京转移到香港，希望拓展粤港澳大湾区市场。

李英豪直言，移动支付在粤港澳大湾区的发展普及速度非常快。"随着粤港澳大湾区发展的推进，科技金融在香港将迎来新机遇，这正是我们这样的企业最好的机会。"

借助科技产业园区的平台资源优势，众多创新企业扩大生产和研发，开始走向世界舞台。

澳邦药厂有限公司是入驻粤澳合作中医药科技产业园的第一批澳门企业之一，借助产业园的平台，其产品成功在葡语系国家完成注册。

行政总监蔡健华表示，产业园的专业平台提供了很大帮助，在国际服务团队的帮助下顺利完成了在莫桑比克的注册。"希望乘着粤港澳大湾区建设推进的东风，公司能够走进更多'一带一路'葡语国家。"

联动的产业链：整合创新要素　打开发展新空间

家住香港元朗的林恒一每周至少有2—3个工作日在深圳前海的研发中心上班，傍晚返回香港。“整个路程不超过一个小时，比我搭车去香港的数码港更快。”

林恒一表示，如今是真真切切感受到粤港澳大湾区科技创新产业链整合给企业创新注入的推动力。港深公司的分工有侧重，香港团队负责国际市场与法律、金融服务等，深圳团队则负责研发、设计与生产，尤其是一些零部件的组装可以在珠江三角洲等城市迅速实现。

随着广深港澳科创走廊建设的提速，大湾区科创产业链的深层联动正成为新的趋势。一直以来，香港、澳门被认为拥有高校、科研、国际化等方面的优势，广州则有发达的外贸及电子信息产业，深圳拥有完善的科创产业链条，东莞、佛山等地沉淀着雄厚的制造业基础。沿着广深港澳科创走廊，粤港澳大湾区创新驱动的强劲“新引擎”正在逐步开启。

《规划纲要》提出，推进“广州—深圳—香港—澳门”科技创新走廊建设，探索有利于人才、资本、信息、技术等创新要素跨境流动和区域融通的政策举措。

“在广深港澳科创走廊的建设中，最重要的是创新要素的流动。通过创新机制的引导，吸引世界各地的人才来到粤港澳大湾区，整合创新要素，要让创新要素在粤港澳大湾区自由流动。”香港应用科技研究院署理总监雷志斌如是说。

据不完全统计，自广州南沙、深圳前海、珠海横琴三地设立港澳青年创新创业平台以来，已有360多个港澳青年创业团队落户，就业人员接近4000人。

在香港国际金融学会会长、北京大学汇丰商学院教授肖耿看来，粤港澳大湾区提供了广阔的市场空间，创新要素在这里自由且高效流动，全球的人才、技术、企业和资金都可以参与其中。

撰稿：　唐子湉　李赫　王佳欣　彭琳　黎华联

第四章 日本行思启示录

2019年7月5日，广东正式发布《关于贯彻落实〈粤港澳大湾区发展规划纲要〉的实施意见》以及《广东省推进粤港澳大湾区建设三年行动计划（2018—2020年）》。粤港澳大湾区要建设成富有活力和国际竞争力的一流湾区和世界级城市群，必须对标最高最好最优，打造高质量发展的典范。

东京湾区与粤港澳大湾区在文化背景、产业结构、发展历程方面存在诸多相似之处。为深入探寻东京湾区在日本经济转型期的得与失，本书调研团队两度赴日本深调研，采访了超百名日本企业及研究机构的负责人、专家学者，为粤港澳大湾区高质量发展寻找借鉴。

海外投资：日本海外净资产24年涨10倍的秘密是什么？

在日本大阪见证了二十国集团（G20）领导人第十四次峰会的盛况后，日本创新学会关西分会长大槻真一兴奋地表示：“我要为‘中国方案’点赞！为全球化注入了正能量。”

在G20大阪峰会结束后不久，广东省发布的《实施意见》，提出要实现粤港澳开放资源融合、开放优势互补、开放举措联动，引领形成陆海内外联动、东西双向互济的开放格局，打造“一带一路”建设重要支撑区。

20世纪70年代，日本曾经历过与美国长达数十年的经贸摩擦。正是在这样的压力倒逼下，日本通过加大海外布局，鼓励企业“走出去”，积累了超千万亿日元的海外资产，海外净资产14年涨10倍，排名全球第一。

那么，日本在全球化产业布局进程中有哪些经验能为粤港澳大湾区提供借鉴？

从“贸易立国”到“投资立国”

看过日本卡通片《蜡笔小新》的人或许记得一个情节：小新的爸爸广志差点被外派尼泊尔，让一家人陷入了离别的忧伤中。事实上，获得“外派”机会，对于日本的公司职员来说，不仅是平常事，更是喜事——这往往是升职的前奏。

“国际化布局是绝大多数日本企业加快发展时做出的首要选择。”曾在日本一家装备制造企业工作的留学生傅冬芳说，日本企业高度依赖国际市场，因此，海外从业经验对每个日本职员来说都是职业生涯中的重要加分项。

建立国际化管理团队也是海外布局的另一种体现。“我们公司外籍独立董事已增加到4位，占独董一半席位。”总部设在日本千代田区的日立集团负责人说，日立的海外子公司占比已从2000年的31%提升到50%、员工占比从21%提升到45%。在日立的三大战略规划中，“海外业务进展”位居第二，足见其重视程度。

站在东京中央区的十字路口，周围日本银行、东京交易所等各大金融机构大厦林立，世界500强企业丸红商社的总部也坐落于此。该公司日籍高管一边用熟练的中文与本书调研团队打招呼，一边还打趣道：“在这里你可以找到任何语种的采访对象。”作为日本独有的组织形态，商社是日本经济的全球“触角”，更是护送企业、资金“出海”的重要“载体”，丸红旗下430多个分支机构分布在全球130多个国家和地区。

另一家500强企业、化学巨头东丽集团总部公司里的展厅里，陈列了各

■ 东丽集团社长日觉昭广接受采访

种“黑科技”产品，其中有应用在美国波音飞机上的碳纤维，也有与中国工厂合作生产的过滤设备中的高分子膜材料。东丽集团社长日觉昭广介绍，公司海外生产份额已占到整体的70%至80%。

不仅大企业，日本小企业的“出海”也是蔚然成风。在大阪北部的一个工业区，一栋看起来不起眼的低层浅灰色建筑，其实是跨国公司富士音派的总部。楼下是厂房，楼上办公，第三代会长山田哲郎在这里讲述了父辈“出海”的故事——20世纪70年代，富士音派已先后在中国青岛、越南等地设立工厂，在海外生产基地的“加持”下，其单凭生产销售“塑封机”一款产品，做到了该细分领域的隐形冠军。

1970年前后，日美贸易摩擦进入频繁阶段，而这一年，也是日本从“贸易立国”转向“投资立国”的重要节点，对外投资总额连年攀升：从1971年的不足10亿美元，跃升至1973年的34亿美元，1973年因此被称为日本“对外直接投资元年”。1990年，日本以480.24亿美元成为世界第一对外投资大国。

大槻真一认为，这场海外投资热潮的开启，其背后有着深层次的原因。从外部看，国际石油危机爆发、日美贸易摩擦加剧，传统优势行业首当其冲；从内部看，日本老龄化问题显现，国内市场疲软，过去靠出口拉动经济增长的模式难以为继，日本经济面临增速放缓和结构转型的挑战。“出海”成了最有效的“出路”。“企业走出去，一方面能将劳动密集型产业转移至人力成本更低的地区；另一方面，则能有效分散风险，规避日美贸易摩擦的正面冲突。”阪南大学教授洪诗鸿表示。

日本海外投资的热潮一直延续至今，其中就包括软银投资阿里巴巴的案例。从1991年到2014年的24年间，日本海外总资产涨了4.5倍，净资产涨了近10倍。截至2017年底，积累的海外资产总额达1012.43万亿日元，相当于日本2017年GDP的1.85倍，有人将此形象地形容为“在海外再造了一个‘日本’”。

金融机构是企业“走出去”的“风险官”和“资金库”

在日本的不少银行，除了常见的“转存贷”窗口，还有一个专设的海外业务窗口，随时为企业海外投资提供咨询服务。

从20世纪50年代确立“贸易立国”战略开始，日本逐步构建起完善的企业海外投资服务体系，为后来的“投资立国”奠定了基础。

在调研中，“JETRO（日本贸易振兴机构）”“商社”“银行”几乎是每一家日本企业谈“走出去”的高频词，“便利”是共同的评价。

中国商务部原副部长、中国国际经济交流中心副理事长魏建国将其概括为“法律+金融+机构”服务，并点评其特点是“算细账、讲效益、防风险”。

在顶层设计上，日本以立法的形式保障企业海外投资的合法权益，先后出台了《外资法》《境外拓展对策资金贷款制度》《境外投资信用保证制度》等多部促进海外投资的法律。

在金融服务方面，日本也为企业“走出去”的需求提供了充足保障——“银行等金融机构会和企业一同‘走出去’。用专业的风控手段，对项目、投资、建厂等先行评估，可行性审核通过，才会提供融资。”瑞穗银行如此讲解日本银行在企业“走出去”时发挥的作用。魏建国认为，金融机构跟企业一同“走出去”是至关重要的，既是“首席风险官”，又是资金“弹药库”。

日本政府还出资设立了日本贸易振兴机构等半官方性质的境外投资中介服务机构，专为企业提供海外投资服务。此外，还有大量为日本企业提供信息的丸红、住友、尹藤忠等商社、民间团体。

日中经济协会就是其中之一。经常往返中日两国的专务理事彬田定大了解到粤港澳大湾区的战略规划，多次赴粤港澳考察。在交谈过程中，他对大湾区的布局、各城市定位，乃至大疆、腾讯等湾区企业如数家珍，俨然成了一位“湾区通”。

如果说大企业走出国门并不为奇，那如何让大量抗风险能力相对较弱的小企业顺利“出海”，日本也制定了针对性措施。

日本的政策性金融机构——日本中小企业信用保证协会的负责人向本书调研团队介绍："比起大企业有银行陪同，小企业可以直接由境内母公司进行融资贷款，也可以由协会进行担保，保障其在当地银行顺利融资。"此外，日本的小企业往往还是大企业的"利益共同体"。洪诗鸿分析："日本大小企业之间是长期合作的关系，大企业'出海'往往也会带着提供配套服务的小企业一同出去。"

借鉴日本经验　推进全球化进程

回顾日本近50年来的海外投资史，全球化布局让日本从一个以钢铁、纺织等传统工业为主的国家，逐步发展成为新材料、芯片、氢能源汽车、生物医药等高新领域的技术强国。

在全球化进程中，日本是如何完成结构性调整和产业转型升级？东丽、日立等企业表示，随着劳动密集型产能的对外转移，其在日本国内的业务重心从规模化生产转到附加值更高的产业链上，而这背后的驱动，往往是科技研发。

洪诗鸿指出，在产能转移的同时，日本的产官学界非常强调产业结构的升级换代。实际上，日本国内的产业链结合非常密切，长期的垂直联合研发和核心零部件的配套唇齿相依，因此，对外投资发展的同时往往也带动了日本零部件的对外出口。

"在将产能转移到海外的同时，企业留在本国的总部往往会保留研发功能，集中发力技术创新，研发成功后再由海外工厂进行量产。"日觉昭广说："东丽在滋贺县打造的'未来创造研究中心'，就是东丽的'研发大脑'，这里将继续探索未来社会所需的创新型材料。"

日本的全球化走过了以贸易输出、海外建厂、资本输出为主的阶段，现已进入技术输出和服务输出的阶段。洪诗鸿建议广东企业应趁机加大对日本高新技术的引入，推动产业转型升级。

日本不少拥有高新技术的企业正在全球积极寻觅市场。氢能源汽车就是典型案例之一。如今，不少日本企业将中国视为氢能源技术的重要潜在市场。广东省也在加快布局氢能产业，佛山已喊出了打造“氢谷”的口号。

魏建国强调，要借鉴日本为企业“走出去”服务的经验：“与日本相比，我们的短板主要体现在金融服务上。企业走出去了，金融机构没跟上，风险管理就跟不上，造成有些中国企业‘走出去’遭遇项目收益差，甚至亏损的情况。”他建议，可以借鉴日本金融机构“打前站”、基建企业跟上的“联合作战方式”。

洪诗鸿也特别提醒到，在大力推进海外投资的同时，要注意防范本土产业的空心化风险，并重点提高中国本土产业在全球产业链分工的位置。另外，产业升级、创新研发不应该落下本土的配套厂商，富有竞争力的本土产业链才是反哺对外投资根深叶茂的沃土。

撰稿：张艳　陈颖　吴哲　黎华联

新兴产业：如何把环保做成一门赚钱的生意？

日本垃圾桶成为中国媒体追逐采访的新宠，这是2019年在大阪举行的二十国集团(G20)领导人峰会上发生的有趣一幕。由于中国垃圾分类进入强制时代，中国记者们在报道峰会新闻之余，最感兴趣的是日本细致到近乎严苛的垃圾分类制度。

日本美食街，非常干净，地上不见垃圾和污水

走在日本的大街小巷，干净，是游客对这个国家最直观的第一感受。事实上，在日本，节能环保不仅是生活态度，更是经济增长方式。

广东省发布的《实施意见》中，提出要培育壮大新能源、节能环保等产业，形成以节能环保技术研发和总部基地为核心的产业集聚带。

在较早开始培养国民环保意识的日本，是如何一步步将环保发展成为一个万亿级规模的产业？这个曾经“漂浮在石油上”的国家，是如何通过环保产业推动经济高质量发展，并成为能源利用率最高的国家之一？

从“漂浮在石油上”到高能源利用率国家

对于在日本已经留学5年的唐嘉一来说，每一次搬家都要听一次垃圾分类宣讲。“房东会送来一本厚厚的‘倒垃圾辅导手册’，确认我听懂且能执行到位后，才会留下一句‘那就拜托你啦’并把钥匙交出来。”谈话中，唐嘉一熟练地把矿泉水瓶的瓶盖、瓶身和包装纸一分为三，分别扔进不同的垃圾桶里。

位于日本四国岛德岛县的上胜町更因垃圾分类成为网红“最环保小镇”。在这里，空牛奶盒被折平挂在架子上晾干，玻璃瓶归类为有色和透明，厨余垃圾被转换为田间肥料。当地居民介绍，在上胜町垃圾分类细致到45种，目前小镇里的所有人正在为2020年实现“零垃圾”而奋斗。正是得益于零污染，连小镇上的树叶都被用作高级料理的点缀，成为一门特色产业。

■ 日本地铁口的垃圾分类桶

居住在东京的89岁的山岸佐木回忆，50年前的日本并不是这样子的，“日本是从此起彼伏的污染公害中被‘抢救’出来的”。20世纪六七十年代，日本经济高速增长的同时环境不断恶化，东京湾被称为“世界上最脏的海湾”，鱼类和贝类大量死亡。垃圾围城，东京因邻避效应爆发了“垃圾战争”，水俣病等四大公害病先后在各地出现，引发了民众对环境问题的高度重视。

东京大学社会科学研究所教授丸川知雄将当时的日本比喻为“漂浮在石油上的国家”。丸川知雄说，1980年日本进口的石油，若装进标准石油桶，横排起来可以绕地球28圈。当时的日本严重依赖石油，走的是高投入、高能耗、高污染的发展方式。

转折发生在1973年。这一年，日本的石油基准价格从每桶3.01美元涨至11.65美元，两年后更是上涨至30美元，“能源大幅涨价让日本陷入‘狂乱物价’当中”。

参与过多项产业政策制定的日本创新学会关西分会会长大槻真一表示，石油危机结束了日本持续20年的经济高速增长，也给日本人上了真实的一课，彻底唤醒了日本人的资源匮乏危机感和环保意识，垃圾分类回收、资源再利用在这个时候深深植入日本人的意识中。

丸川知雄说，为了减少对海外和石油的依赖程度、节约能源和提高能源利用效率，日本决定实行石油替代战略，先后制定了“阳光计划”“月光计划”和“新阳光计划”。石油替代战略促使日本企业开始从“重厚长大”的重化工业发展之路向“轻薄短小”的知识密集型产业转型。

日立公司负责人介绍，因为石油危机、公害、消费者运动等资源和社会问题，1971年就任日立社长的吉山博吉提出“轻量经营”，将能源和电子领域作为重点，加大研究开发。20世纪70年代中期，努力得到了回报，日立在计算机及半导体存储器领域获得了极高的全球市场份额，转型为重电、能源及电子三大领域平衡发展的综合电机厂家。

石油替代战略的成果也逐渐显现。数据显示，日本能源结构中，石油的比例从1973年的75%降至2011年的40%。瑞穗银行提供的数据显示，1973年以后的10年中，日本实际GNP（国民生产总值）增长47%，但一次能源的消耗量只增长了17%，单位GNP石油消化量下降了一半。

算好环保综合账为日本制造贴上节能标签

走在日本街头，政府机构、邮局和商场等公共场所随处可见用于回收智能手机、计算机、相机的电子产品回收箱。这些被回收的电子垃圾，有可能被制作成5000枚奖牌，出现在2020年东京奥运会的颁奖礼上。2019年3月31日，日本东京奥组委向外界宣布，已经回收足够的电子垃圾制作东京奥运会的奖章，这是奥运史上首次尝试用电子产品提炼出的金属制奖牌，日本将从电子垃圾中提炼出30.3公斤金、4100公斤银和2700公斤铜。

电子垃圾被日本人视为“都市矿山”——每一块电子垃圾都会有被重新利用的价值。数据显示，日本的稀有金属供应绝大部分依赖海外进口，自2007年起，回收利用相关产品被列为保证稀有金属稳定供应的四大支柱之一。

这一切都起源于一项名为“月光计划”的节能战略。“即使像月亮这样微弱的光亮，也必须有效地加以利用。”大槻真一解释“月光计划”命名的由来。

在“月光”的映照之下，日本社会打上了深深的节能环保烙印。在日本，无论是家庭、酒店、商城，随处可见洗手盆与马桶连为一体，洗手后的水被储存在水箱内以便再次利用。

“月光计划”对日本更深远的影响在于推动了节能工业标准的修订。阪南大学教授洪诗鸿指出，在立法、税收、收费、处罚、产业政策倾斜等措施引导下，日本企业纷纷将节能视为最核心的竞争力。以本田、丰田为代表的日系汽车争相研发尺寸更小、重量更轻、更加省油的经济型轿车，至今节能仍是日系汽车的一大特点。同样因为节能风行世界的还有日本电器，由于赚取了大量外汇，电视机、电冰箱和洗衣机曾被称为“日本经济的三种神器”。“高效率、低能耗”成为日本产品在全球制造业中的一大标签。

这场能源短缺危机就这样成了日本发展节能产业的契机。化学巨头东丽集团社长日觉昭广说，东丽每年将销售收入的3%用作研发费用，其中的30%投入到解决包括全球气候变暖在内的长远期课题。

节能环保还是日本企业利润的驱动来源。日立集团有关负责人表示，对工厂等进行节能化改造的能源管理系统，带动了公司的业绩增长。洪诗鸿说，如今日本的热能回收技术和生产线节能技术、降低汽车能耗和汽车新能源技术、家用电器节能技术、建筑节能技术均居于全球领先位置，也正是这些技术使得日本在智能电网、混合动力汽车、电动汽车、低耗能机器设备、节能家庭设施等产品上具备尖端竞争力。

在此基础上，日本节能目的也发生了变化。大槻真一表示，日本节能事业的目的已从降低能源对外依存度、解决环境污染，提升到国家竞争力和带领日本走出经济衰退的主要动力。

正向激励反向约束让环保全面“嵌入”社会

充气3分钟，能跑650公里——在日本的丰田4S店，调研团队亲身体验了全球首款量产的氢燃料电池车“MIRAI”，掀开发动机盖，驱动这款靠燃烧氢气、排放水的汽车跑起来的是个银白色方方正正的燃料电池堆。据介绍，MIRAI目前已投放市场3000余辆，为配套推广，日本政府在其全国建设了101座加氢站，近期会增加到160座。

“日本的氢能源布局，脱胎自1974年的‘日光计划’。”丸川知雄说，为了减少对石化能源的依赖，开发可替代石油的新能源，日本1974年制订了“日光计划”，太阳能、原子能、地热、氢技术和风力发电等新能源开发均是“日光计划”中的研发对象。

“‘日光计划’深刻地改变了日本经济社会的发展进程，至今仍影响着日本的能源技术发展方向和储备。”丸川知雄说，在被誉为“日本未来十年复兴蓝图”的新成长战略中，预期在2020年相关产业产值超过50兆日元，新增就业岗位140万个。

调研中，日本企业和专家普遍认为，“日光计划”规划之时最重要的一点是将新资源的开发利用与市场应用联系起来，并通过先进的新能源技术让日本产业在全球产业链中占领制高点。以氢能源汽车为例，日本以1559件专利申请量在氢燃料电池车领域居于全球首位。丰田等日系车企也牢牢占据了氢燃料电池汽车行业的领先地位。

回顾日本的环保产业发展史，大槻真一认为，这离不开日本政府的积极引导和鼓励，也与企业不断提升环保技术水平等有关。大槻真一介绍，为了贯彻“月光计划”，政府部门带头进行节能表率，在计划执行初期削减了20%的官厅用车。同时政府对于大量使用石油的11个行业龙头企业及使用最大电力3000千瓦以上的耗能大户，进行点对点指导。

此外，给予节能环保行为激励、对污染浪费进行严厉处罚的意识已经渗透到日本社会的方方面面。对于个人来说，日本居民翻新或新建住宅达到有关节能标准，便可向政府申请积分换购多种商品或购物券。而企业如果造成污染所受到的惩罚会远远超出其采取防污措施的投入成本。“会被取消营业许可、赔偿损失，还有可能出现交易被取消、消费者不购买其产品的风险。”谈起环境污染，大阪一家中小企业负责人大摇其头。

在瑞穗银行，该行从2011年3月开始使用瑞穗环保等级来评价客户的环保经营状况，并根据评价结果设定融资、发行的条件，提供低于规定利率的环保型融资产品。在支持民众层面，为了推进环保，瑞穗银行还调低了建造、购买和装修环保型住宅及购买环保车的贷款利率。

“中国，尤其是广东目前发展所处的阶段，跟曾经的日本处境很相似。”经常往返于日本与粤港澳大湾区的香港中华总商会会长、新华集团主席蔡冠深认为，日本环保产业全球领先，而中国环保产业发展空间巨大，双方可以加大合作，共同发展绿色经济。“这是一个重要风口，抓住这个机会，会打开一个广阔天地。”

撰稿：黎华联　陈颖　吴哲　张艳

银发经济：应对“老龄化”挑战，如何把“夕阳”产业变“朝阳”？

作为一家中国医疗投资公司的驻日负责人，许太平2019年以来特别忙。随着日本企业界对于粤港澳大湾区关注的升温，每个月都有湾区商业对接会、推介会在日本举行。“特别是以养老产业为代表的大健康行业都在积极寻找亚洲两大湾区之间的合作机会。”许太平笃定地认为，养老产业将成为粤港澳大湾区的新风口。

同样看到机会的还有香港中华总商会会长、新华集团主席蔡冠深，过去数月他一直奔走于粤港澳和东京两大湾区之间，推动日本大健康养老技术对接粤港澳的庞大市场。

广东省发布的《实施意见》提出，深化养老服务合作，支持港澳投资者在珠三角九市按规定以独资、合资或合作等方式兴办养老等社会服务机构。《实施意见》还提出，要推进国家级医养结合试点。

作为全球老龄化程度最高的国家之一，日本在顺应老龄化趋势进程中，经历过哪些社会问题？日本如何应对老龄化带来的挑战，并发展出规模庞大的“银发产业”？我们可以从中得出哪些经验教训？

“退而不休”的日本老年人

对于在日本一家大型商社已经工作7年的湖南人王慧来说，刚到日本时，她最无法适应的是白发苍苍的老人们为自己提供服务。“总会想到了老家已经颐养天年的爷爷奶奶。”那时，王慧总会忍不住想要去帮一把，但总被要强的老人们拒绝。不过很快，王慧便习惯了这样的服务。“因为在日本，老年人工作实在太普遍了。”

在从大阪关西国际机场前往酒店的路上，看起来年逾70的惠子老太太是一名司机。尽管后背已稍微有点伛偻，但她仍利索地将行李箱一口气扔上汽车后备厢：“这是我应该做的。”惠子鞠了个躬客气地拒绝了调研团队的援手，黑色职业套装加上精心化过的妆容让惠子显得十分专业，但皱纹和身材仍掩盖不住年龄的秘密。

同样“超长待机”工作的，还有85岁的大槻真一。有着日本通产省(现经济产业省)的行政工作经验、加上阪南大学校长的学界经验，退休后的大槻真一不仅担任着多个公益团体职务，还是多家企业的顾问。大槻真一精力之旺盛甚至超过了普通的年轻人——下班后，他参加完一个协会应酬，还一直接受采访直到晚上11点才结束一天的工作。

在日本，像惠子、大槻真一这样的银发工作者，分布在这个国家不同的岗位上。根据日本总务省发布的数据，2017年日本65岁以上老年人就业人数增加5%，达到807万，占整体就业人数的12.4%，已经连续增长14年，创历史新高。

为此，日本还诞生了一个专门的服务机构——银发人才服务中心。位于大阪城东区的大阪银发人才服务中心总部，设在老年人密集居住的社区中，这里不仅为老年人提供各种工作岗位，还有各种讲座和培训班帮助老年人提升职业能力。

小仓雄三多年前从公务员岗位退休后，成为大阪市银发人才服务中心常务理事兼事务局长。他表示，大阪市总部共下设4家银发人才服务中心，服务涵盖1万名老年人。这些服务中心每个月会定期举办两场说明会，吸收新会员。身体健康的60岁以上老人每年只要缴纳100日元（约6元人民币）会费就能成为该中心会员，可享受介绍就业岗位及职业培训等各种服务。

在小仓雄三看来，给老人找工作是一举多得的事情。“日本企业普遍喜欢银发工作者，因为相较于年轻人，他们不仅有经验，且更加敬业、有责任心。”小仓雄三说，对于老人来说，不仅可以赚外快补贴家用，还能继续为社会贡献余热。

■ 大阪市银发人才服务中心常务理事兼事务局长小仓雄三（右一）

■ 日本专门设立了银发人才服务中心，为老年人找工作

庞大的银发人才市场催生着日本的银发中介服务需求。在日本，类似的人才服务中心共有1325家，涉及会员数70.4万人，年撮合完成工作岗位价值相当于一家全日本排名300位的企业提供的就业量。对此，小仓雄三笑谈：“庞大的银发就业人群说明日本人从内心深处觉得工作是一种美德。”

事实上，银发一族“退而不休”背后，与日本社会的超老龄化分不开。小仓雄三说，日本的第一家银发人才中心自发成立于1975年，恰是日本进入老龄化的

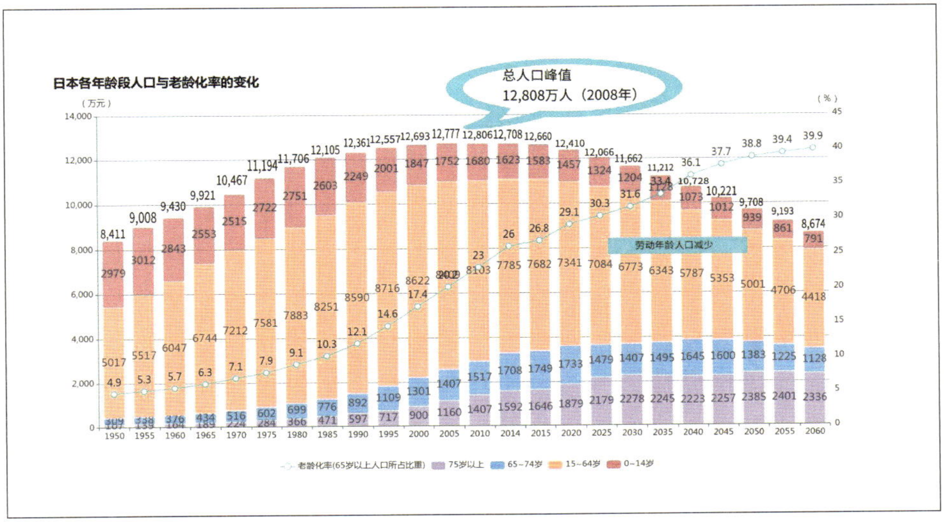

■ 日本各年龄阶段人口与情况

时间节点。

根据日本总务省数据，1971年日本65岁以上的老年人口比例达到7%，正式迈入老龄化社会。1972年日本女作家吉佐和子的长篇小说《恍惚的人》中一位患阿尔茨海默病的老年人，敲醒了日本社会对于老龄化的危机感。1970年初，日本政府开始制定针对老年人的政策，并采取多项措施应对老龄化现象，但依然扭转不了快速增长的老龄化趋势。如今，日本65岁以上老年人占日本总人口27.7%，进入“超老龄”社会。

近年来，为了鼓励企业继续雇用65岁以上的员工，日本政府接连出台多项政策，安倍政府甚至提出打造一个“终身不退休”的社会。“因为更大的老龄化危机正在袭来。”小仓雄三说。

养老院里的“银发产业”

老龄化的加速推进，不仅催生了银发工作族，也让日本在全球最早形成了完整的养老体系。对于97岁的日本美伢子（受访者要求化名）来说，一

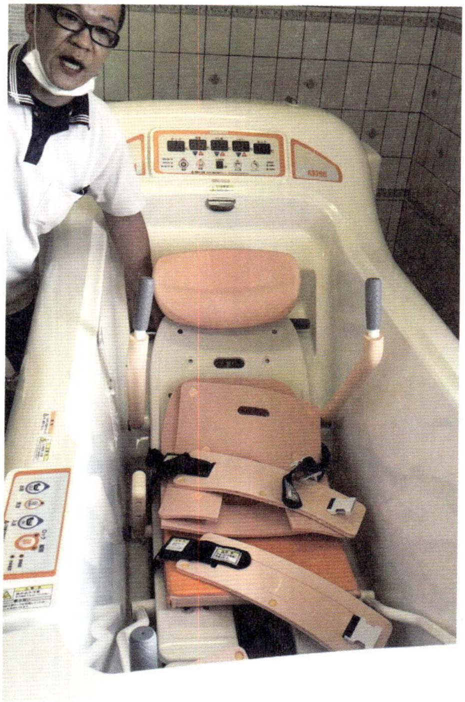

■ 日本养老院采用了大量自动化的设备

辈子未婚的她自从3年前失去生活自理能力后，便将位于大阪府滋贺县彦根市的近江故乡园特别养护老人院（以下简称“近江养老院”）当作自己最后的归宿地。在这里，她不仅三餐无忧、生病有人照料，还可以选择自己喜欢的插花活动或者绘画课，而且不时有各种志愿者到养老院陪老人们唱歌或者做手工。

在近江养老院，这栋3层的建筑，功能分区明晰，各种生活措施一应俱全，全部根据老人家的生活习惯和需要进行设计。如依据老人的身体条件不同，就连洗澡方式都有4—5种不同的选择。

临近中午，在养老院的餐厅中，工作人员正在准备午餐。“每位老人的口味不同，身体情况也不同，我们会根据个人情况定制不同的食物。”工作人员介绍，每周老人家可以吃到不同的餐食，确保营养均衡。

“住进这里的都是丧失生活自理能力的老人，但我们细致的照顾可以让他们延长寿命。”94岁的大久保昭教是该院理事长。他表示，近江养老院成立于1983年，目前该院住了300位老人。“90%的费用由介护保险支付，剩下10%中一半是由年金支付，另一半才是自己支付。”大久保昭教介绍，养老院收取的费用根据介护评定等级不同而定，介护的等级越高费用越高。以入住起步门槛的3级介护为例，每位老人每月只需自费1.5万日元（约合人民币900元）。

高度老龄化的社会及完善的养老保障体系让日本成为全球银发产业最发

达的地区。以养老院为例，日本的养老机构分为公立、自费和商用住宅三大类。近江养老院属于公立养老院中的一种，在日本有7900所，而日本全国大大小小的各类养老院早在2016年就达到了3.5万家，并带动了一大批“老人用品专卖”“老年餐饮专营”“老人之家管理咨询”“养老服务人员培训”等行业企业的发展，催生出一个以养老设施为核心的“养老院经济”产业链，既提升了服务质量，同时也推动了本国经济的发展。

除了基于公共保险的医疗服务，以及传统的养老设备等产业之外，日本养老产业新“风口”是基于延长寿命的各种产业。比如，有一家公司通过陪老年人唱卡拉OK的方式提供介护。“唱歌时唾液分泌增加可以帮助改善口腔环境。”参加过类似活动的渡边爷爷说，还有公司专门举办针对老奶奶的化妆疗法——通过教老人化妆帮助女性老年人提高寿命。“你可别小看这种商业活动，仅在日本唱卡拉OK介护方式就已经超过2万家了。”一位养老行业人士表示。瑞穗银行产业调查员吉田笃弘表示，根据“日本复兴战略”规划，仅是以延长健康寿命的产业，2020年该产业的规模可达10万亿日元。

“2012年广东已经进入老龄化社会，预计到2020年，60岁及以上老年人口将占比升至15.9%以上。”在香港中华总商会会长、新华集团主席蔡冠深看来，参照日本养老产业的规模，广东养老产业将会迎来一轮爆发。

作为中国养老公司业务代表，许太平注意到，广东省在建设粤港澳大湾区的规划中也提出要全面放开养老服务市场。“日本在养老方面有技术水平、成熟的服务标准；粤港澳大湾区有广阔的银发人群，两地合作的契机已经打开。”许太平嗅到了商机。

负重难行的日本养老保障体系

尽管3.5万家老人院不是小数目，但对于身体已经逐渐不能自理的藤井惠津子来说，等待一个公立养老院的床位时间变得越来越长。“条件好的养老院更是一位难求。”藤井惠津子对此显得有些焦虑。

事实上，床位紧张在日本养老院已经成为一种常态。以近江养老院为

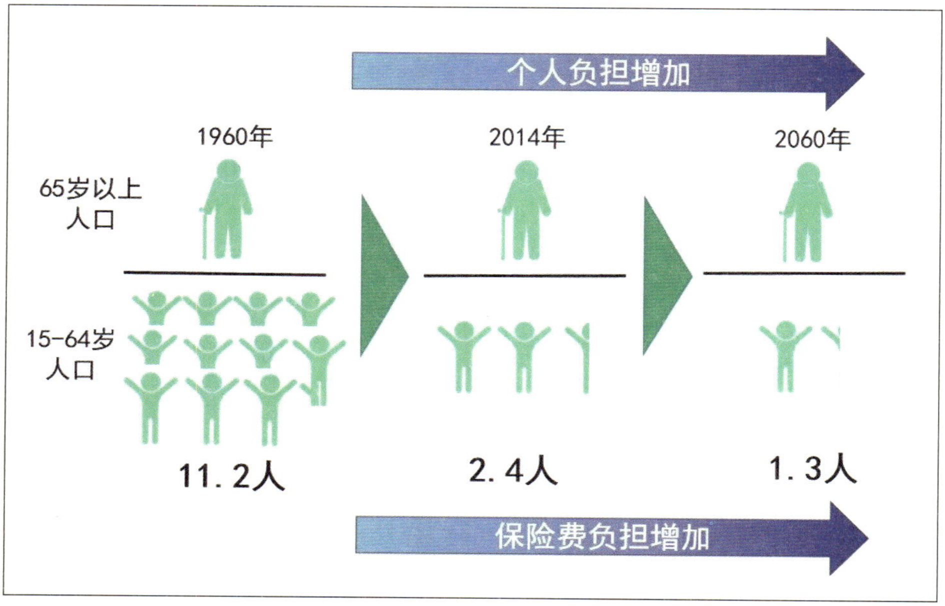

日本抚养1位老年人的劳动年龄人口

例，大久保昭教说，该院仅有300个床位，但目前正在向该院申请入住的老人就有145名。“现在申请的要等上1—2年才能入住。”大久保昭教表示，供需的矛盾主要在于养老专业护理人才赶不上老龄化的需求，这与日本整个社会少子化、老龄化的社会问题分不开。“这几年日本在逐渐放开政策，通过扩大外国劳动者来缓解国内的劳动力需求，其中养老专业护理人才是主要的方向。”许太平说，但与需求相比远远不够。

调研中，专家和养老行业人士均指出，日本更大规模的老龄化人群正在到来：2025年，日本战后第一次婴儿潮出生的“团块世代”（专指1947年到1949年之间出生的日本人）将全部成为高龄老年人，由此引发的社会保障、护理等一系列问题被称为“2025年问题”。

吉田笃弘认为，赶不上老龄化的不仅有养老院的床位，还有逐渐“难以为继”的社会保障制度。因为来自日本财务省和厚生劳动省的数据显示，2060年日本预计出现每1.3个劳动年龄人口抚养1个老年人的情况，预计到

2025年日本的社会保障支出将比2014年扩大1.5倍。

“如何控制费用增长已经成为日本社会保障制度一大课题。”吉田笃弘说。对此，藤井惠津子的感受很直观，与十年前相比，公共保险支付越来越难利用了——病床数在减少、公共保险覆盖的平均住院天数在缩短、个人自费的项目在不断增加。来自日本一家研究机构的数据显示，1973年日本医疗保险全免，但过去20年，自费比例在不断上升，介护保险支付的对象范围则在不断缩小。

“日本正在承受老龄化带来的全面挑战。”吉田笃弘表示，日本的养老保障体系经过半个多世纪的发展，已经形成了一套近乎完善的养老保障体系。但近年来，日益严重的人口老龄化问题给日本社会的各个方面都带来了负面影响。反思日本的老龄化社会，以国家为主体的养老保险体系曾为日本的顺应老龄化进程提供了较好的化解办法，但如今看来，这种方式也给日本的财政造成了沉重负担。

“日本人过度依赖社会养老体系，不太喜欢购买商业养老保险，但这也让财政养老难以为继。”吉田笃弘认为，广东刚刚迈入老龄化社会，可以吸取日本在养老保险方面的教训，尽早推广商业养老保险，让商业养老成为社会养老保障体系的重要补充。

撰稿：陈颖　张艳　吴哲　黎华联

人才战略：18年18人拿诺贝尔奖是如何做到的？

4月的京都，樱花正盛。这是京都大学一年最美的时候。不过，对于从广州匆匆赶来的广州民投董事长张超民来说，吸引他到来的并非樱花，而是诺贝尔奖，确切地说，是2018年新晋诺贝尔奖得主本庶佑。

“如果能够利用广州的资源优势，加快新研发药物在中国市场的上市速度，并降低临床技术的成本和费用，相信广州生物医药产业会得到加速发展。”为此，过去的一年间，张超民频繁往返于京都与广州之间。在日本，像本庶佑这样的自然科学领域诺贝尔奖得奖者，2000—2018年已经有18位，他们的研究成果，吸引着全球各类产业资本的注意。

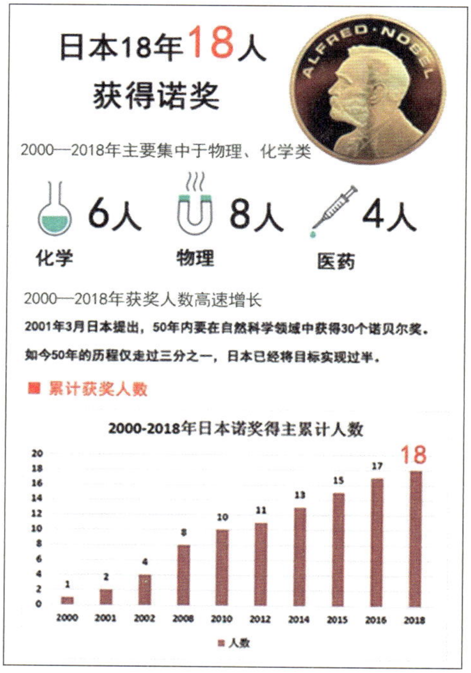

2000—2018年，日本产生了18位自然科学领域的诺贝尔奖得主

建设“具有全球影响力的国际科技创新中心”，是粤港澳大湾区的重要战略定位之一。广东省发布的《实施意见》中，亦提出重点开展基础研究和应用基础研究，打造重大原始创新的重要策源地。

2000—2018年，日本在18年间连续产生了18位自然科学领域的诺贝尔奖获得者。是什么让日本出现诺奖“井喷”现象？为何日本企业也能成为“拿奖大户”？日本的产学研是如何开放合作的？

诺贝尔奖“收割机”的起源

每年诺贝尔奖名单公布前几个月，京都大学的学生们就会开始讨论哪一位教授获奖概率最大。对他们来说，诺贝尔奖得奖者很有可能就在自己身边。

“过去18年，这所高校里已经诞生了9位诺贝尔奖获奖者。”在京都大学任教的韩立友每每谈起诺贝尔奖，语气里都是骄傲。在京都大学的校史馆中，他指着墙上的照片说，日本第一个诺贝尔物理奖、化学奖、生物奖得主，其获奖成果取得地都是京都大学。京都大学成为亚洲国家中获诺贝尔奖最多的学校。

引起张超民关注的本庶佑就是该校的一名教授。2018年的10月1日，有着“男神”之称的本庶佑成为2018年诺贝尔生理学或医学奖获奖者。在颁奖词中，他被认为“创立了癌症疗法的一个全新理念”，“彻底改变了癌症疗法”。

事实上，在“收割”诺贝尔奖上，与京都大学一样有名气的还有名古屋大学和东京大学，三者势均力敌。据统计，从2000年到2018年共有18名日裔科学家获得诺贝尔奖，得奖者主要来自这三所大学。日本成为近十年来仅次于美国的全球第二大“诺奖出产国”。国际社会，用“井喷”来形容日本学者在21世纪迎来诺贝尔奖得奖潮的现象。

“诺贝尔奖是当今社会公认的科学成就的最高象征，获得者数量是衡量一个国家科技水平的重要指标。”毕业于京都大学的阪南大学教授洪诗鸿认为，正是通过“诺奖井喷”，日本打破了“二战”后“欧美为主、美国领先”的世界诺贝尔奖获奖格局，进入“欧美日”三足鼎立的竞争时代，也标志着日本进入世界科技领先国家行列。

事实上，对于诺贝尔奖，日本早就势在必得。早在2001年3月发布《科学技术基本计划》中，该国就提出“力争在未来50年里使诺贝尔奖获奖人数达到30人”的构想。这项在当时被看作极为大胆的设想，如今，却仅用三分之一的时间就实现过半目标。

但调研中，大多数学者认为，过去18年，日本诺贝尔奖“井喷”的努力在更早之前就开始了。洪诗鸿曾专门做过一项统计，21世纪日本获奖的15个成果中，在20世纪八九十年代出成果的有8个。洪诗鸿认为：“日本2000年后诺贝尔奖的井喷现象，实际上靠的是25—30年前，也就是20世纪90年代的研究成果。”因为从出成果到获奖的整个过程，往往需要25—30年时间。

20年增长超10倍的R&D

2019年5月28日，有144年历史的日企岛津制作所，宣布发售全球最小的台式质谱仪，该仪器正是使用了其员工田中耕一获得的诺贝尔奖技术。

与被认为“离诺贝尔奖最近的人”本庶佑不同，田中耕一的诺贝尔奖更像是一个“天下掉下来的馅饼”——2002年10月，一则重大号外刊登在日本各大报纸，该国田中耕一先生获得诺贝尔化学奖。“谁是田中耕一？”不认识田中耕一的，不仅仅是普通的日本老百姓，还包括几乎所有化学界专家。就连田中耕一自己都不相信自己能获奖。当第一次听到官方打来的越洋电话时，田中还以为同事在跟他开玩笑。

成为诺贝尔奖得主之前，田中耕一只是岛津制作所的一名普通研究员。在一次意外研究中，他“歪打正着”地发现了“生物大分子的质谱分析法”，并将这段经历形成论文发表，“歪打正着”地获得了诺贝尔奖，至今岛津中国的官网上仍记录着“连获奖者本人以及他的同事们都不敢相信获得了这样的奖项”。

不过，在技术研发上信奉“歪打正着”的理念，或许是日式研究的一个特点。

“没法达到原来的既定目标，却常常有可能在其他的研究方向上‘歪打正着’地实现突破。”东丽株式会社社长日觉昭广谈到了类似的研发理念。日觉昭广认为，不确定性正是科研的魅力所在，需要足够的自由度、长期的投入和足够的耐心。“研发自有规律，并非投入经费和人员就能闭着眼睛出成果。”

为此，日觉昭广说，东丽会有意识地在公司打造自由的科研环境，公司研发人员可以花20%的研发时间自由地确定研究课题，因此“歪打正着”出了很多研究成果。日觉昭广将这种自由的研究方式称为“先锋派研究”。

这种自由宽松的科研环境在“诺奖大户”京都大学体现得尤为明显。京都大学甚至把“自由豁达”写进了校训。“记忆中教授经常是下课到居酒屋三杯清酒下肚后才开始精彩讲评，对经济学的学习，我们其实是在居酒屋里接受到的。”洪诗鸿这样回忆自己在京都大学求学的日子。他引用了本庶佑教授对于获得诺奖的原因分析：“教授不拘一格自由地教学和科研，科研极少有课题和结项的压力和时间限制，这是成功的重要原因。”

在自由的背后，洪诗鸿认为，政府对研究经费的大力支持是科研人员

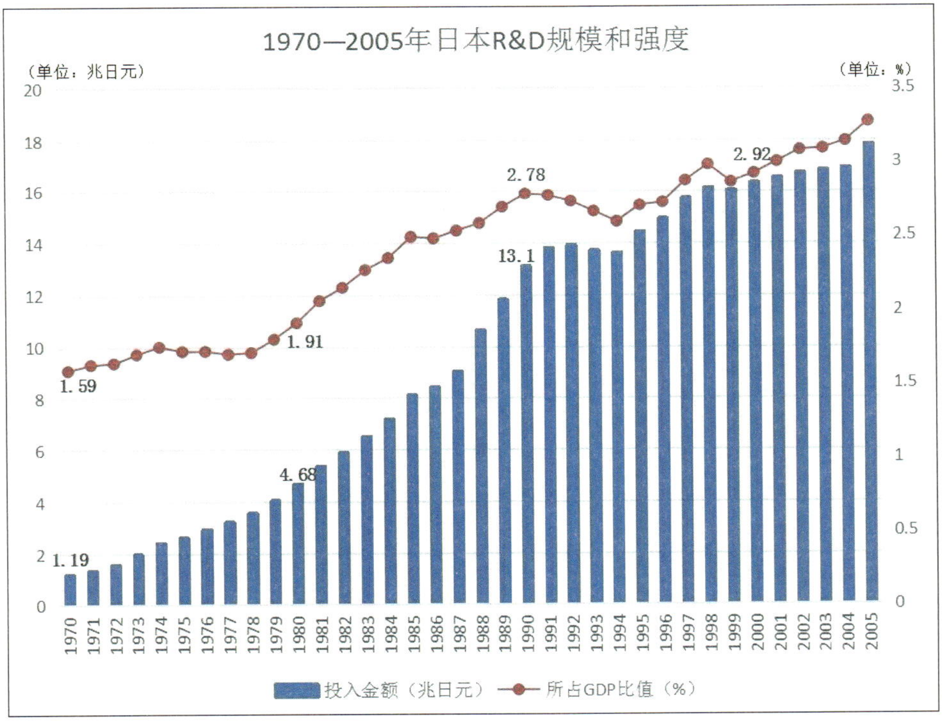

■ 诺奖“播种期”，日本R&D年投入规模迅速增长

的坚实后盾。据日本文部科学省的一组数据显示，日本科研费用迅速上升阶段，恰好是诺奖的“播种期”。数据显示，1970年日本R&D年投入规模为1.19兆日元，到了1975年日本R&D投入规模达到2.62兆日元，超过英法两国的R&D经费总额，步入科技大国的行列。到1991年，日本R&D年投入规模达到了13.8兆日元，较1970年增长了10.59倍，从这一年开始，日本R&D增长速度才逐渐放缓。“诺奖的产生，在很大程度上是基于这个阶段的投入。”洪诗鸿说。

与此同时，洪诗鸿认为，在过去一段时间，对于高校研究人员的考核标准上，日本政府基本上处于“放养”。为了让青年学者获得成长空间，在2004年大学教改以前，日本大学的教员采用终身雇佣制，可以根据兴趣申请基本研究经费的长期资助。青年学者不用担心失去“饭碗”也不必疲于奔命地应付课题。与此同时，日本的高校和科研机构，较少受到短期的考核和评价等干扰，可以相对长期地从事学术研究，最典型例子是京都大学申明不会引进教师绩效评价。

这种“慢热”但专注的科研态度在企业上也得到体现。日觉昭广表示，东丽相信在研发和技术开发上不断“追求极限”一定会有新的发现。“在20世纪90年代，东丽的发展前景不断被唱衰，纤维产业、纺织产业、薄膜产业已过时的言论不绝于耳。”日觉昭广说，但东丽仍持续不断向各个领域输送大量高端材料，从而衍生出不同的事业不断壮大发展。如今东丽已能在仅10微米的薄膜中叠加1000层聚合物，开发出了纳米纤维并不断提升品质。

对此，日本贸易振兴机构亚洲经济研究所新领域研究中心副主任研究员丁可表示，粤港澳大湾区要打造重大原始创新的重要策源地，在基础研究的投入、保障研究人员的自由和稳定等方面需早做规划。

企业成为诺贝尔奖获奖主力

2018年8月28日，PD-1抗体药物欧狄沃(Opdivo)在中国进入铺货销售阶段，国内肺癌患者终于可以使用到这一革命性的抗癌药物，中国进入了免疫肿瘤治疗时代。

这种药品的产生，正是归功于本庶佑发现PD-1的功能。打开日本的诺贝尔奖得奖者名单，可以发现不少学者都不是纯粹的“书斋学者”——产学互促，是日本科研的特色。洪诗鸿认为，日本为其他国家提供了一个以工业为基础的联结科研、教学、学习的范例。日本基于前沿的基础研究成果，在相对较短的时间转化为实用技术的比例明显高于其他国家。

最典型的例子是，与很多国家的诺贝尔奖获奖者是学院派不同，日本企业往往也是“生产”诺贝尔奖学者的主力。除了仍在百年长寿企业工作的田中耕一，分别于1973年和2014年获得物理学奖的江崎玲于奈和中村修二也各自从属于索尼公司和日亚公司。“日本企业在不断开发应用新技术的同时，非常注重并支持基础研究。”洪诗鸿表示，日本通过“产学官”合作制度，增进研究机构与企业互促和合作。1981年，日本科学技术厅构建了一种流动、弹性的研究体制，通过学术带头人为中心，由企业、大学、国立研究机构的研究人员组成课题组攻关技术难题。

被称为“奠定日本半导体产业竞争力基础的杰作”的超大规模集成电路研发项目正是“产学官”制度的最典型例子。日立有关负责人表示，1976年世界计算机行业处于“重组的巨澜”之中，日本通产省组织富士通、日立、三菱、日本电气和东芝等企业，与两家国有研究所组成联合体共同研发。该项目政府出资四成，企业承担六成经费，最终产出1000多项专利，为日本成为半导体强国奠定了基础。

“政府和企业共同出资，集合产业界和学术界的人才优势，通过打破政、产、学的界线，以较少资金取得了较大的成果。”丁可评价。

在长期的科研探索中，“日式”研究慢慢形成自己的特点。日觉昭广表示，有别于美国式一个研发小组只研究一个课题的纵向研究模式，包括东丽在内的不少日本企业采用横向整合研究模式。“这种模式的好处是可让研究人员从初期阶段就能接触到不同领域，通过共同反复的讨论，获得意想不到的思想碰撞，从而孕育下一个创新。”日觉昭广介绍，为此，东丽在纤维、薄膜、复合材料等研究所之上成立了技术中心，通过技术中心进行横向整合

■ 盛产诺贝尔奖得主的京都大学

研究，从而形成强大研发合力。

在调研中可以发现，日本企业在产学研上擅长吸收各类研究成果，甚至已经扩展到招募全球的“大脑”支持研发生产。据日本文部科学省的消息，丰田会将关键技术分解成为基础研究课题面向全球进行公开招标，同时丰田还会建立全球性的合作研究分工系统，发挥全球不同地区和组织的优势。

对此，丁可建议，粤港澳大湾区可效仿日本经济产业省推动的“产学官结合”计划，在空间上打造大企业、小企业、科研机构、大学、政府和金融机构相互合作的平台。

撰稿：黎华联　陈颖　张艳　吴哲

企业解码：
中小企业如何支撑起“日本制造”的创新根基？

在东京繁华的银座商圈，这个被称为“亚洲最昂贵的地方”的街区不仅聚集了一大批日资世界500强企业，还有数百家百年“老字号”。“从这里走过去，每三家店就有一家是百年老店。”站在“百年文具店”伊东屋门口，“日本长寿企业研究第一人”、日本经济大学特任教授后藤俊夫不无骄傲地说，日本超过百年寿命的企业就有2万多家，而且大多数是中小企业，

■ 日本最繁华的银座商圈，分布着数百家百年企业

正是他们构成了“日本制造”创新根基的主体。据数据统计，日本技术革新的55%由中小企业完成。

《实施意见》中提到，要发挥企业创新主体作用，发挥市场对技术研发方向、路线选择、要素价格、各类创新要素配置的导向作用。

300多万家日本中小企业如何成为制造业创新的活力来源？他们维持长寿的秘诀是什么？对大湾区中小企业创新发展有什么启发？

2万家百年中小企业各有“绝活”

在京都寺町三条，已经在此经营了140年寿喜烧料理店“三岛亭”不仅是本地人最喜欢的寿喜烧老店，还源源不断地吸引了全球各地的食客来此寻找最传统的日本寿喜烧味道。打理着这家百年老店的是三嶌家族的第五代传人——三嶌太郎。虽然毕业后曾在一家日本大型连锁酒店工作过，但他最终选择接过家族接力棒。如今，54岁的他也在考虑接班人问题。

“日本的百年老店已有25321家，大多数都是家族企业。”后藤俊夫表

■ 有“日本长寿企业研究第一人”之称的后藤俊夫

示，日本不仅拥有超过2万家的百年企业，千年以上企业也有21家，这个数字远高于全球其他国家。东京大学社会科学研究所教授丸川知雄提供了另一组数据：日本125万家企业的平均年龄是40.5年，生命周期远高于世界其他国家。

“他们中大多数均是中小企业，并且至少有一门绝活。”后藤俊夫说，哪怕只是做一块小豆腐，流传百年的企业都有自己赖以生存的“金刚钻”。

对于位于大阪北部的富士音派社长山田哲郎来说，他的“绝活”是塑封机。在富士音派的展厅，从手动封口机、电动封口机、真空封口机到大尺寸脚踏式封口机、超音波点封口机等不同形态的塑封机并排陈列，彰显着企业的发展历史。“我们是占全球塑封机行业市场份额最大的企业之一。”山田哲郎介绍。

作为一家百年企业的第三代传人，山田哲郎曾任职于全球最大的乐器公司雅马哈，至今仍留在耳朵上的耳洞是这个昔日摇滚青年的青春烙印。不过，如今他一门心思投入到与技术工人一起不断提高塑封机的性能中。

“塑封机这一行都做了100多年了，不考虑转型做点别的吗？”当听到这个问题时，山田哲郎大笑过后认真地回答：“好像没有考虑过这个问题。因为真的有很多可以研究的，比如说把塑封的速度再提高0.1秒。” 山田哲郎说，年轻时，他也曾以为要做好企业，关键是做好营销。后来才发现，企业的“根”在于产品，每一个产品都有更完美的时候，可以不断打磨。阪南大学教授洪诗鸿认为，专注是日本中小企业最明显的特点。

“因为专注，制造业中小企业是日本中小企业群体中最有生命力、最有竞争力的。”日本贸易振兴机构亚洲经济研究所副主任研究员丁可说，日本有358万家中小企业，占企业总数的99.7%。过去的20年间，尽管日本经济发展相对缓慢，但日本小微企业数量在经济转型期仍逆势增长。以用工规模1至9人的企业为例，从1969年到1983年期间，占总企业比例从73.4%增长至76.3%。

“因为产业分工越来越细，专业化程度越来越高，于是出现越来越多的专业性小微企业。”丁可认为，随着制造业的发展，加工配套型中小企业，即专门生产某种设备、某个零件或者某道工序的中小企业数量会越来越多，“隐形冠军”辈出。

“作为产业大省，广东也会出现类似这样的趋势。”丁可说，培养出更多“小而美”的中小企业，是推动产业高质量发展的重要途径。

与大企业形成利益共同体的中小企业

日本的中小企业到底有多专注？在日本的东京大田区的信荣技研，是一家只有十多个人的街道工厂，该企业几十年只做一件事——打洞。他们在钢、铁、合金、碳素等各种材料上钻洞，甚至做到了在一根直径0.5毫米的自动铅笔笔芯上，钻出120个直径0.3毫米的洞眼。当这项技术越做越精时，日本大企业的液晶面板、电子显微镜都已经离不开与这家企业的合作了。

“很多企业都起步于非常不起眼的领域，难能可贵的是，几十年如一日，不断钻研，精益求精，直至取得突破。”丁可说，专注于一个领域构筑竞争力，是因为日本很多优秀中小企业都清楚，自身在价格、生产规模以及产品门类上竞争不过大企业，所以不会选择生产技术含量低、有可能卷入价格战的产品。相反，他们会致力于掌握其他企业无法攻克的专业技能。丸川知雄说，近年来，日本企业的国际专利申请数一直排在世界第二，且越来越接近第一名的美国，其中以中小企业的申请为主。

事实上，日本中小企业的定位，与该国产业结构转型有关。20世纪80年代初，随着越来越多龙头企业到海外建厂，日本中小企业订单不断减少。为谋求生路，本土中小企业只能“八仙过海，各显神通”。比如诞生于1968年的滨野制作所，在失去大企业订单后面临转型困境，为此转而做试作品（即产品未定型时所制作的原型样板、样机），将“短交期”做到极致，奇迹般地将客户数从原来的4家扩大到1500家。

在日本调研可以发现，日本中小企业可以专注于技术和产品，另一个重要原因与其所面临的市场环境有关。“我只管把研发和产品做好，不需要过多考虑怎么卖。”在中国企业看来不可思议的做法，对于山田哲郎来说，却是这家百年企业的经营之道。

“这与‘下包制’有关。”洪诗鸿表示，所谓“下包制”，是指大企业掌握着市场和订单，将部分业务向中小企业分包，不仅提供产品的样式和规格，还进行技术指导，成品由核心企业推向国内外市场。在这样的供应关系下，企业之间的交易关系极其稳定，上下游企业之间的合作可以长达数十年，甚至跨越好几代企业领导人。在利益共同体之下，大企业会派驻人员帮助小企业改善生产环境和质量管理体系，共同推动新产品研发。“这种模式使中小企业可以专注于每个细分领域的技术研发，从而成为推动技术变革的主力军。”丸川知雄说。

这种利益共同体在企业出海时也能发挥作用。“如在中国市场上，日系汽车厂商与欧美汽车厂商采购零部件的方式就很不同。”丸川知雄指出，欧美汽车厂商会在当地寻找合适的零部件企业，但日系汽车厂商则会在当地建立自己的供应体系。洪诗鸿表示，“大企业走出去，带着供应商、服务商等小企业一同走出去，为日本的中小企业加入全球产业链提供了机会。”

中小企业也有专门的“诊断士”

“日本的中小企业可以获得政府很多支持，也是其生命周期较长的一个重要原因。”86岁的日本创新学会关西分会长大槻真一退休后从事的一项重要工作便是为中小企业谋求更多政策支持，就在2019年，他为改善中小企业政策提出了多项政策建议。

在中国留学生傅冬芳的职业规划中，考取“中小企业诊断士”资格证是其重要目标之一。为此，她必须通过7个科目考试，并接受面试和多次培训。

“日本很多金融机构或者政策性金融机构的负责人都具有中小企业诊断士的资格。”该政策金融公库相关负责人也是一名“中小企业诊断士”。他说，中小企业诊断士是具备中小企业经营管理知识的专业化人才，需要通过严格的专业认证，运用自身的专业知识来为公司的发展战略提供建议。

严苛的资格考试确保了从业者的专业性门槛。据日本2017财政年度数据

■ 为了扶持中小企业发展日本建了完善的政策性金融体系

显示，当年共有4453人参加第二轮考试，最终通过率仅为19.4%。目前日本拥有约2.5万名中小企业诊断士，有效地配合了政府促进中小企业发展的各项措施。

由于“诊断士”深入掌握企业生存状况，他们为中小企业融资所签署的推荐意见函，往往能得到银行的重视，从而降低企业融资成本。调研中，多家日本银行人士表示，银行也会派遣职员到中小企业学校培养自己的诊断士，占到中小企业大学校的诊断士学员三分之一。

“中小企业诊断士只是日本政府向中小企业提供扶持的其中一种做法。”大槻真一说，日本打造了一套完整的中小企业服务体系。如在破解中小企业融资难、融资贵的问题上，日本政府专门成立了一批服务中小企的融资机构，为中小企业提供利率低、期限长的贷款。“最长贷款可以到20年”，日本政策金融公库相关负责人表示，相较于一般的民间金融机构只能提供5年以下的贷款，政策金融公库最长可提供20年。2017年，政策金融公库提供年限超过5年固定利率的贷款比重为59.3%（平均贷款年限约为 7年），远超过一般民营金融机构27.2%的比例。

在日本全国信用保证协会联合会有各类针对中小企业的政策性金融产品的海报，其中甚至包括为中小企业解决接班人问题提供的专项金融服务。

“改善中小企业生存环境，除了设立政策性金融机构为其‘输血’增信，还要提升中小企业的‘造血能力’。”大槻真一建议，拥有众多中小企业的广东应该建立和完善中小企业辅导体系，帮助中小企业强化自身能力。

撰稿：陈颖　黎华联　张艳　吴哲

第五章 专家专访纵横谈

2019年2月18日印发的《粤港澳大湾区发展规划纲要》，对粤港澳大湾区的战略定位、发展目标、空间布局等方面作了全面规划。本书调研团队与一批深度参与《粤港澳大湾区发展规划纲要》制定以及长期研究粤港澳大湾区发展的专家展开对话，透视新趋势，凝聚新力量，解码大湾区。

刘世锦：
大湾区基建投资有潜力

“大都市圈范围内的小镇建设，将是中国经济今后几年重要的增长来源之一。粤港澳大湾区本身就是一个大都市圈，要充分利用好这一潜力。”知名经济学家、国务院发展研究中心原副主任、南方经济智库学术委员会主任刘世锦在接受调研团队专访时表示，粤港澳大湾区的基础设施建设远未饱

和，要继续加大投资力度，这些都是有效投资，既能稳增长，又能促进大湾区的长远发展。

提升广东对全球产业链的影响力

问：《财富》公布的2019年世界500强榜单，粤港澳大湾区有20家上榜，其中广东占13家。广东怎样才能培育更多世界级企业？

刘世锦：总的来说，中国的企业，包括广东的企业，在全球产业链上的位置提升有一个过程。过去我们抱怨制造业企业附加值偏低，大部分利润被其他环节赚去了。但其实能参与国际产业链分工，能和全球龙头企业合作，本身就不错，值得鼓励。

现在中国企业在研发、设计、销售方面正在不断加强，逐渐向价值较高的环节过渡和转型。广东已经有一些优势领域，需要不断积累和提升。

另外，从制造业本身来讲，过去中国主要是集中在中低端的制造，但现在也在向着能带来更高价值的高端制造发展。当然，这些最终都是通过具体的产品和企业来体现。

问：如何提高广东在全球产业链中的影响力？

刘世锦：要提升在产业链上的位置，广东有几个优势：第一是创新能力在加强；第二是产业配套能力较强；第三是市场优势，中国是全球最大的市场，这个优势非常明显；第四是通过多年的对外开放，珠三角与国际市场建立了紧密联系。

如果能把这四个优势充分利用好，广东就能在全球产业链中占据重要的一席之地，对产业链的影响力也会增强。

提高要素市场的市场化程度

问：您提出中国要建设高标准的市场经济，请问该如何建设？

刘世锦：建设高标准的市场经济，实行高水平的对外开放，这是一个

“双高”的目标。广东在这个方面是走在全国前列的。

建设高标准的市场经济，关键是产权保护和要素市场化，应该以此推动中国市场经济的建设。通过多年的发展，中国产品市场的发展程度已经比较高，但要素市场发展程度还不高，如土地的市场化程度还比较低，中小企业还存在融资难的问题，还有劳动力市场流通的问题。总的来说，提升要素市场的市场化程度是中国下一步面临的重要问题。

问：怎么看待当前经济增速的换挡？

刘世锦：中国经济增速变化的根本原因是增长阶段的转换，过去10%左右的高速增长逐步转向中速增长，这个变化是符合规律的。从国际上看，日本、韩国等都经历过类似的过程。

具体的原因有四点：一是一些重要的需求相继出现了历史需求峰值，二是可利用的先进技术数量逐渐减少，三是劳动力的总量和结构发生重要变化，四是资源环境对经济的承载能力已经达到极限。

如果能够有效地建设高标准的市场经济，就可以支撑经济平稳增长。

打造要素自由流动的大都市圈

问：您认为大都市圈范围的乡村振兴是经济增长的新动能，广东应当怎样抓住这一机遇？

刘世锦：随着经济全球化、信息化高速发展，以大都市圈、城市群为代表的经济形态最为抢眼。美国的11个大都市圈占美国人口70%，东京都市圈占了全日本的1/3人口、1/3的工作机会和1/3的产业增加值。这样来看，粤港澳大湾区很有潜力。

大都市圈范围的乡村振兴是中国经济下一步发展非常重要的方面，存在巨大的发展潜力。广东要以建设粤港澳大湾区为契机，打造珠三角和大湾区大都市圈，推动城乡要素自由流动，让城市居民和农民在城乡之间的来往更加自由，让城市里更高质量的资源流动到农村，共同建设小镇。大都市圈的特点就是将原有核心城市的功能朝外疏解，形成“大集中小分散”的格局。

问：您认为该怎样加快建设粤港澳大湾区？

刘世锦：粤港澳大湾区应该继续加大投资力度，特别是基建投资。现在到了高质量发展阶段，投资应该聚焦于上台阶、抓重点，重点就是大都市圈和城市群。这些地方是提高全要素生产率、提高发展质量的主战场。从存量看这些地方的投资已经不少了，但是与发挥城市集聚效应的要求还有距离。

和东京湾大湾区相比，粤港澳大湾区的基础设施建设还有很大空间。东京市郊铁路4000多公里，北京不到300公里，广东情况也类似，这些方面的投资潜力还很大。粤港澳大湾区在交通、通信以及其他基础设施方面还应加大投资。这些投资的效益都不会低，是有效投资，既能稳增长，又有利于大湾区的长远发展。

广东力争5年实现中等收入群体倍增

问：您此前建议，在实现全面小康的目标之后，应该推动中等收入群体倍增。下一步应该如何提升居民收入，实现这一目标？

刘世锦：按照规划2020年实现全面建成小康社会目标之后，我建议推动中等收入群体倍增，用10年时间实现，届时全国将有六成左右的人口成为中等收入群体。

对于中等收入群体的定义是，三口之家一年收入10万到50万元。2019年全国中等收入群体占比是31%，大概需要10年左右实现翻番。广东的发展水平高于全国，这一比例目前大约是43%。广东可以通过稳定增长和缩小收入差距，争取用5年时间完成这一目标，在全国起到示范作用。

贫困主要是因为人力资本严重不足，原因是从儿童营养保障到医疗、教育、就业等条件的匮乏，部分原因是机会不均等。从全社会角度看，低收入群体的收入增长和人力资本提升是高质量发展的增长来源之一，解决好这些问题，可以使他们的潜能得到更好发挥。

撰稿：王彪　黄应来

范恒山：
大湾区发展顺应天时地利人和

“粤港澳大湾区战略的提出顺应天时地利人和，是一种逻辑必然，更是一种规律使然。”国家发展改革委原副秘书长范恒山接受专访，对《规划纲要》进行详细解读，并对粤港澳大湾区发展的关键问题给出解答。范恒山长期从事国家区域发展战略与政策研究，主持制定了一系列重大区域规划和政策文件。

范恒山表示，建设粤港澳大湾区的关键，在于协调联动、一体发展，超越各自经济利益诉求和特有的社会、法律制度等区别，通过深化合作形成一体联动的格局。联动发展不仅是制定粤港澳大湾区规划的核心所在，也必然成为粤港澳大湾区建设发展的保障所在。

他还表示，广东要抓住粤港澳大湾区建设的机遇，继续发挥改革开放先行者的作用，把握好同香港、澳门联系密切的优势，对标国际一流城市和先进水平，在一些重大关键体制上进行创新探索，进一步打造对外开放高地。

粤港澳大湾区拥有巨大发展活力和潜力

问：《规划纲要》正式发布，引起了广泛关注。为何会在现阶段提出粤港澳大湾区这样一个重大战略？您在国家发展改革委工作期间主持过很多区域规划的制定，能否谈谈《规划纲要》为何在2019年2月推出，有什么样的特殊背景？

范恒山：推进粤港澳大湾区建设，是中央审时度势作出的重大决策，意义重大。从我个人的认识来看，粤港澳大湾区的规划与建设，主要来自逻辑

相连三个维度：

第一个维度，是湾区在发展中具有独特的地位。湾区是什么？湾区是面向大海，由一个和若干个海湾及邻近岛屿共同组成的区域。由于地理和资源等因素带来的便利性、集聚性和开放性，湾区往往成为经济发展的最适宜地区，城市、港口等的发展也成为支撑湾区经济实现又好又快发展的要件。从结果上看，湾区经济作为重要的滨海或融海经济形态，往往是全球经济的重要增长极和全面创新的引领者。与此相匹配，这里总是聚集着国际化、现代化的世界一流城市。全世界发展得比较好的湾区大概有七八个，特别突出的是我们常常提到的纽约、旧金山、东京三大湾区，虽然三大湾区在体量、产业发展内容等方面存在差异，但有一个共同点是，都发展得比较好，都是区域的重要增长极、区域的创新引领者。因此，发展湾区经济成为一些国家和地区推动经济发展的重要选择，甚至是首要选择。粤港澳大湾区作为综合条件优越的重要湾区，也必然要放到开发开放的重要位置。

第二个维度，是国家区域发展战略发展延伸的结果。20世纪90年代中期，国家将缩小地区差距、促进区域协调发展提到重要议事日程，作为长期坚持的重大方针，在鼓励和支持东部沿海地区率先发展的基础上，陆续提出了推进西部大开发、振兴东北地区等老工业基地、促进中部地区崛起等战略，形成了完整的区域发展总体战略即“四大板块”战略，其特点在于因地制宜、分类指导，取得了明显效果，有力促进了区域协调发展。在这个基础上，党的十八大以来，党中央着眼于推进区域一体发展和协调联动，着力推动形成沿海、沿江、沿线经济带为主的纵向横向经济轴带，促进建立区域发展新格局，先后提出了京津冀协同发展、长江经济带发展战略等，粤港澳大湾区作为重要的沿海发展经济轴带，自然而然提上了决策议程。

第三个维度，是粤港澳大湾区自身所具有的特殊优势。粤港澳大湾区总面积5.6万平方公里，人口约7000万，地区生产总值超过10万亿元，除了空间辽阔、人口众多以外，还具有特殊的比较优势，包括地理纬度适宜、自然禀赋优越、发展空间广阔、区位交通便捷、城市结构完整、产业体系完备、高端要素集聚、经济实力雄厚，且创新试验功能平台众多，战略叠加优势明显。另外，这一地区文化同源、民俗相近、人缘相亲，相互认同感较强，也有比较好的合作基础，这些都意味着粤港澳大湾区蕴藏着巨大的发展活力和潜力。

从这样三个维度看，我们推进区域协调发展，培育新的增长极，形成新的开放高地，粤港澳大湾区自然而然成为重要的选择。可以说，粤港澳大湾区战略的提出和实施，顺应天时地利人和，是一种逻辑必然，更是一种规律使然。

四大中心城市要做强做优比较优势

问：《规划纲要》提到，粤港澳大湾区要建设富有活力和国际竞争力的一流湾区和世界级城市群，打造高质量发展的典范。该如何理解这一目标要求？

范恒山：湾区往往跟城市、港口紧密相连，湾区为城市发展提供了条件，而城市和城市群的建设又成为湾区发展的有力支撑。一流湾区在表征上应该具有创新能力突出、产业结构高端、营商环境一流、生态环境优美等特点。而作为世界级城市群，应该具有空间结构紧凑、经济联动密切、创新要素集聚、基础设施高端、经济高度发达、社会和谐安宁等基本特点，且必然是具有全球影响力和国际竞争力的城市群。这些特点更多地体现在城市群不仅要大，而且要强，是与动能、活力、协调这些关键词紧密相连的一种载体，而粤港澳大湾区就应该建设成为具有上述特点的一流湾区和世界级城市群。

粤港澳大湾区要按照《规划纲要》的要求，通过十多年的努力，经过2022年和2035年两个阶段的发展，不断健全相关特质，逐渐形成以创新为主要支撑的经济体系和发展模式，实现经济实力、科技实力大幅跃升，国际竞争力、影响力显著增强，最终形成宜居宜业宜游的国际一流湾区和富有活力的世界级城市群。

问：相比纽约、旧金山、东京等单一中心的世界级湾区，粤港澳大湾区有四个中心城市，如何正确处理好四城之间的关系，形成共同发展的合力？

范恒山：建设粤港澳大湾区，必须处理和把握好一些重大关系，包括处理好城市之间的关系，特别是要处理好四大中心城市间的关系。

基于历史基础、现实地位和发展潜能等的综合考量，粤港澳大湾区中的香港、澳门、广州、深圳具有中心城市的地位。这四大中心城市既是区域发展的核心引擎，也是建设世界级城市群的基本支撑，它们自身的发展状况及相互间的关系，直接决定着大湾区世界级城市群的建设速度、质量与水平。与单一中心的城市群不同，多中心容易造成各自为战和相互掣肘。从现实看，四大中心城市经济实力雄厚、各具比较优势，但合作联动不够紧密，协同互补效应未能有效发挥出来。

要切实发挥它们的支撑能力与辐射效应，应当在优化各自功能和加强协调联动两方面下大功夫。

要巩固提升各自比较优势，进一步形成城市特色。主要是协同推进资源整合、产业分工和功能提升，巩固拓展香港国际金融、航运、贸易中心和国际航空枢纽地位，推动澳门建设成为世界旅游休闲中心，推动广州建设成为国际商贸中心、科技教育文化中心，促进深圳发展成为具有国际影响力的创新创意中心等。

要促进资源共享和要素流动，推进一体发展。特别是协调共建基础研究平台、科创走廊、技术中心和产业园区，在相互支持强化特色的基础上形成合力，不断提升资源要素的统筹配置水平和集聚创新能力。

问： 除了处理好这四大中心城市的关系，粤港澳大湾区如何处理好中心城市和节点城市的关系？

范恒山： 城市群的活力来自中心城市的创造力，更来自中心城市的辐射带动能力和其他城市的协同合作发展能力。所以，要精心处理好四大中心城市和七个节点城市之间的关系，建立起中心城市和节点城市间分工协同、主动辅助、功能互补、一体联动的发展格局。这也是建设世界级城市群的关键所在。

为此，一要优化城市空间格局。根据主体功能定位、区域分工特点以及未来发展要求，合理划分城市组合，并主要通过构建经济区的方式，形成中心城市、节点城市和特色城镇有机结合、协调互动的城镇网络化空间格局。

二要优化城市经济分工。城市之间的各自为战，很大程度上在于经济方面的同质竞争。因此，要立足于中心城市、节点城市和特色城镇的梯次网状联动和经济区的协同发展，统筹产业发展安排，在中心城市和节点城市间形成合理分工、错位配置，实现主体发展和补充发展、主业发展和配套产业发展的联动。与此同时，根据资源禀赋和区域联动要求，改造培育一批各具特色的小城镇。

拿出超常规的举措推动粤港澳合作联动

问： 粤港澳大湾区具有特殊性，三地实行不同的社会制度、采用不同的法律体系、分属不同的关税区。如何促进大湾区各地之间的联动，真正实现合作发展？

范恒山： 开放合作，是湾区的特质和优势，也是湾区得以跨越发展的关键。粤港澳大湾区建设必须抓住推进和实现开放合作这一关键要求。

我们要明确，粤港澳大湾区是一个整体的概念。我们要的发展是整个大湾区的发展，不是某一个城市、某一个地区的发展，大湾区发展的好坏是我们衡量建设成就的标志。这意味着，某个城市的突出表现和超常发展不代表大湾区整体的高质量发展。大湾区要发展，必须是共同发展，必须是共同努力，所有的城市和地区都要有突出表现。

在一定程度上说，粤港澳大湾区的一体联动，实质上是这一湾区各个城市间的一体联动。但现实情况是，香港、澳门和广东珠三角城市间不仅实行不同的社会制度，采用不同的法律体系，还分属于不同的关税区。建设粤港澳大湾区的关键，在于协调联动、一体发展，超越各自经济利益诉求和特有的社会、法律制度等区别，通过深化合作形成一体联动的格局，这不仅应当成为制定粤港澳大湾区规划的核心所在，也必然成为粤港澳大湾区建设发展的保障所在。

在粤港澳大湾区推进协调发展和合作联动，除了在思想上必须高度重视，在操作上还必须有超常规的举措，应该首先把一体规划放在重要位置。统一规划或统筹规划是协调发展、一体发展的行动依据和科学指南，而我们制定规划的视角应该是一体规划共同提升，路径应该是合作联动。要基于大湾区发展的目标要求，充分考虑现实基础和发展潜力，来统筹空间布局和体制创新。同时，基于开放合作、一体联动，对基础设施建设、产业体系优化、城乡融合发展、公共服务提升、生态环境保护、营商环境改善等经济社会发展主要领域做出整体安排，并在合作联动原则基础上，制定各领域发展的专项规划。

实现粤港澳大湾区各地区各城市一体联动，还可以在这几方面下功夫。

一是建立统一的行为守则。在目前粤港澳大湾区难以形成统一的法规约束的情况下，应通过具有约束力的、类法律的行为准则规范各方的行为。在决策层面，应基于大局发展和一体联动的要求，共同协商制定各行政区、各城市进行重大决策和实施重要行政举措必须遵守的准则，并依据形势发展适时加以完善充实；在操作层面，应在逐项梳理的基础上实行负面清单管理，对各领域的具体行为进行严格约束。与此同时，要明确违反行为守则所应承担的责任及代价。

二是探索通行体制。在对目前粤港澳三地各城市制度层面的规定进行全面梳理的基础上，将其中的共同点打通成为共同遵守的规则；同时对存在差别的制度环节通过协商协调进行最大限度的创新，以寻求三地规则可接轨、可打通的最大公约数。

三是试行联办模式。可考虑在先行试点的基础上，在一些城市的必要工作领域，设置由三地熟悉各自规则的专业人士组成的联合办公机构，共同处理涉及三地的复杂事务。

问：广东作为粤港澳大湾区建设的重要主体，怎样在粤港澳大湾区建设中发挥更大的作用？

范恒山：广东在粤港澳大湾区和全国的地位都比较特殊。作为经济发达的省份，广东在全国位居经济总量第一；作为改革开放的先行地，广东是体制创新和推进对外开放的排头兵。过去，广东与香港、澳门不断进行深入合作，取得了积极成效。

广东应该继续发挥改革开放先行者的作用，多向香港、澳门学习，把握好同香港、澳门联系密切的优势，同时比照国际城市的做法和先进水平，在一些重大关键体制进行深入探索，进一步打造开放高地。广东要在推动创新、优化产业结构、建立现代化经济体系实现高质量发展方面起到引领和带动的作用，着眼于供给侧结构性改革，着眼于运用好这些年广东在产业转型发展中的好经验，突出珠江东岸和西岸产业特色，发挥广州、深圳这两个中心城市的带动作用，推动“一国两制”事业发展新实践，深化内地与港澳合作，进一步提升粤港澳大湾区在国家经济发展和对外开放中的支撑引领作用。

高质量推进“广深港澳”科技创新走廊建设

问：《规划纲要》提出，将粤港澳大湾区建成全球科技创新高地和新兴产业重要策源地，粤港澳大湾区被定位为“具有全球影响力的国际科技创新中心”。应如何集聚和配置创新资源，推动国际科技创新中心的建设？

范恒山：粤港澳大湾区能不能成为一流湾区，能不能成为世界级城市群，关键要靠是否创新。这单靠粤港澳大湾区的某一个城市是难以实现的。

因此，首先要打破体制、利益约束集聚和配置创新资源。粤港澳地区创新人才众多、创新要素优良、创新体系完整，但单位集聚度不高，统筹配置水平相对较低。提高粤港澳大湾区的整体创新能力和关键核心技术的创造能力，必须实现全湾区资源的有效集聚和一体优化配置，为此必须大力革除体制障碍和利益约束。要清理限制创新资源自由流动的体制与政策规定，探索建立有利于人才、资本、信息、技术等创新要素跨境流动和区域融通的体制保障与政策支撑；要健全社会和市场的优良环境，包括打造信用体系、强化知识产权保护、建立公平公正的市场规则等；要探索实施体现方便性和舒适度的管理举措，鼓励各类创新人才积极迁入工作、居住，深入进行学术交流；要探索建立多元化的创新资金筹措与运用模式，支持粤港澳围绕重大科研项目开展联合攻关。

第二，要一体推动产学研深度衔接融合。粤港澳三地拥有一批在全国和世界上都具有较大影响的高校、科研院所、国家大科学工程，科技研发与创造基础好、潜力大，是推动大湾区实现产业转型升级、建立具有国际竞争力的现代化产业体系的重要支撑。要采取有力措施，加强产学研深度融合，推进企业、高校和科研院所共建高水平的协同创新平台，形成科技攻关、转化和反馈的无缝对接。

第三，要高质量推进“广州—深圳—香港—澳门”科创走廊建设。作为大湾区的四大中心城市，香港、澳门、广州、深圳既是区域经济社会发展的核心引擎，又是各类创新特别是科技创新的主要载体和关键基地，它们的联动直接决定着大湾区创新的质量与水平。建设“广州—深圳—香港—澳门”科创走廊，是基于现实基础和发展需要的必然选择，有利于加快提升大湾区新兴技术原创能力和科技成果转化能力。我们要精准梳理四地创新资源状况，按照突出比较优势，形成一体联动的原则做好顶层设计；要打破障碍，形成人才、技术等创新要素区际的自由流动与高效集聚；要着眼于攻克瓶颈制约，协同共建创新平台和技术支撑体系；要对照先进标准一体优化营商环境，积极吸引和对接全球创新资源。还要建立高效率的协同机制，探索解决项目安排、体制创新、规则对接等重大问题。通过努力，把“广州—深圳—香港—澳门”科技创新走廊建设成为具有世界水平的科技创新高地。

撰稿：郑佳欣　龙金光　黄叙浩

霍建国：
提升市场互联互通水平激活大湾区发展潜能

2019年7月印发的《实施意见》和《三年行动计划》形成了广东省推进大湾区建设的时间表、路线图和任务书。

“粤港澳大湾区既然已经定位在高水平开放的先行区，在先行先试上就要主动探索和尝试。”商务部研究院原院长、中国世界贸易组织研究会副会长霍建国认为，粤港澳大湾区建设最大的突破口就是提升市场互联互通水平，在建立要素自由流动的大湾区市场基础上，通过联动长江三角洲和京津冀，带动全国进入高水平开放发展的阶段。

继续加强与香港的沟通对接

问：您认为粤港澳大湾区在对外开放方面，面临怎样的机遇和挑战？

霍建国：《实施意见》和《三年行动计划》发布得很及时。目前从全国来看，除了自贸区的先行先试之外，更重要的增长点就在于区域经济。而在区域经济里，粤港澳大湾区的拉动力和潜能是最大的。现在应该加大力度激活粤港澳大湾区的发展潜能，让它在带动整个中国的经济发展方面发挥更大的作用。

粤港澳大湾区建设最大的突破口就是提升市场互联互通水平。与港澳经济紧密协作，将激活整个市场资源，激发企业发展活力，提升经济增长速度和质量，有效推动大湾区建设。

从制度创新上，应该继续加强与香港的沟通和对接，注重借鉴引入香港在投资和人力资源管理等方面的机制。

问：您在此前接受采访时提出，“一带一路”倡议代表全球化发展的新方向。粤港澳大湾区未来在全球贸易中将占据怎样的地位，对于“一带一路”沿线国家来说，大湾区将在贸易链条中扮演怎样的角色？

霍建国：粤港澳大湾区在“一带一路”建设中正发挥积极推动的作用，这是因为大湾区的高水平开放，企业、资本、技术等走出去都可以融入“一带一路”。

在“走出去”方面，广东应该从完善管理措施等方面规范企业“走出去”，更好发挥粤港澳大湾区作为“一带一路”建设重要支撑的作用。

自贸片区争取闯出更多经验

问：《实施意见》提出高标准建设广东自由贸易试验区，您认为“高标准”主要体现在哪些方面，广州南沙、深圳前海蛇口、珠海横琴各自有怎样的特点和优势？

霍建国：“高标准”主要体现在低关税和营商环境的国际化，保险、电信、教育等服务业的开放等方面；高水平开放包括两方面：一是扩大开放，允许货物、服务、人员、资金自由流动，形成更大范围的市场，统筹配置资源，优化配置资源；二是优化调整规章制度，营造更加良好的营商环境。

从目前来看，广州南沙、深圳前海蛇口、珠海横琴这三个片区都很重要，而且各有特色。南沙的面积大，有足够的容量吸引高技术产业、高端制造业落地。对前海蛇口来说，港口物流将起到很重要的枢纽作用。而珠海横琴可以在金融创新和金融服务领域走得更远，在离岸金融、自由贸易账户上发挥更大作用。

广东不仅有粤港澳大湾区的概念，还有自贸区的概念，且自贸区在粤港澳大湾区中开放程度更高一点。广东省应该让这三个片区改革的胆子大一点，争取闯出更多发展的经验，在粤港澳大湾区推广。

《实施意见》提出“粤港澳市场互联互通水平进一步提升”。这里说的不只是制度上的对接，更是经济发展的互联互通，是货物、服务、人员、资金的流动进一步打开，这是目前粤港澳大湾区需要解决的问题。香港在历次的市场经济环境的评比中都位居前列，在管理机制、知识产权保护等制度性建设方面，广东可以借鉴香港的好做法。

问：《实施意见》提出，探索实施更高标准的“一线放开、二线安全高效管住”贸易监管制度。您认为，粤港澳服务贸易自由化将对人才、技术、机制、标准制定等方面的交流合作产生怎样的作用？

霍建国：对于教育、医疗、文化、法律等市场准入的开放，我认为可以进一步向香港加大开放。很多高水平开放的内容，都要在自贸区先试行，一旦成功就可以复制推广到其他地方。粤港澳作为开放的先行区，更应该提前探索，为全国深化改革开放摸索经验。

与京津冀长三角协同发展

问：《实施意见》提出，支持开展粤港澳知识产权保险、交易、贸易活动，加快建设广州知识产权交易中心。这会给粤港澳大湾区带来哪些影响，存在哪些发展机遇？

霍建国：这一提法符合我国知识产权的政策方向。在这方面广东有条件先走一步，粤港澳应该大胆考虑在这方面先行先试。从全国范围看，知识产权交易中心应该有多个，特别是在技术创新和科研突破比较多的地区，应加快形成知识产权交易中心。

对于粤港澳大湾区来说，广州知识产权交易中心所服务的不仅是广东，将来也可以将香港等地的知识产权贸易统筹进来，形成一个国际化的交易市场，扩大和提升其影响力。

问：《三年行动计划》提出，加强与京津冀协同发展、长江三角洲区域一体化发展、长江经济带发展、海南自由贸易试验区和自由贸易港建设的协调对接。您认为在深化开放方面，粤港澳大湾区与这些区域应如何协调协作？

霍建国：中国经济发展格局中，粤港澳大湾区、长三角和京津冀都是发展基础较好、发展空间广阔的区域，应该加快改革发展的步伐。未来的经济发展潜力主要来自区域战略。当前，东部沿海地区的服务贸易发展正处于上升期，如果能通过高水平开放带动高端制造业和服务业的发展，就能激发新的经济活力。因此，这些区域应该在机制创新等方面加大协调力度，实现更好的发展成效。

粤港澳大湾区、长三角和京津冀的协调发展对全国其他地区会产生带动作用，沿海东部区域应该主动加快这个过程，将改革开放中的好做法、好经验逐步推广到中西部地区，从而带动全国进入高水平开放发展的阶段。

广东自由贸易试验区、海南自由贸易试验区等全国各地自贸区，在起步阶段应该相互呼应、协同探索，在保留各自特色的情况下，形成合力，实现整体高水平发展。

撰稿：王彪

王辉耀：
建设“人才湾区” 激发创新活力

“如果说纽约湾区是‘金融湾区’，旧金山湾区是‘科技湾区’，东京湾区是‘产业湾区’，那么粤港澳大湾区的定位则可以是‘人才湾区’。”国务院参事、全球化智库（CCG）理事长王辉耀在接受专访时表示，粤港澳大湾区的发展离不开科学技术的创新，而教育、人才是带动科技发展、推动创新的重要动力。

“粤港澳大湾区的硬件设施已经具备吸引国际人才的条件，目前要更多注重软件方面的建设，搭建起人才网络。”王辉耀对比了世界各大知名湾区与粤港澳大湾区在人才培育、引进等方面的差异，他建议通过在粤港澳大湾区建设人才保税区、人才飞地等举措，构建具有国际竞争力的人才制度体系，加大国际人才引进力度。

对标全球
既要招商引资 更要招才引智

问：每一个世界级湾区其实都是人才集聚的高地。对比美国纽约、旧金山和日本东京等世界级湾区，粤港澳大湾区的人才集聚情况如何？

王辉耀：随着全球科技的发展和经济结构的转型升级，全球国家间的竞争日益转变为人才的竞争。如果说纽约湾区是“金融湾区”，旧金山湾区是“科技湾区”，东京湾区是“产业湾区”，那么未来粤港澳大湾区的定位就是“人才湾区”。粤港澳大湾区的发展离不开科学技术创新，人才、教育是带动科技、工程、推动创新的重要动力。

从目前来看，旧金山湾区受教育程度为本科及以上的劳动力占全体劳动力的比重达到46%，纽约湾区也达到42%，远高于美国平均水平（28%）；东京湾区的东京都、神奈川县及琦玉县的大学和研究生院的学生数量在2010年就超过了106万人，占全国的比重高达36.7%。粤港澳大湾区的人才质量整体上还低于世界其他三大湾区，特别是高学历高素质人才占总人口数的比重相对较低。粤港澳大湾区的创新平台载体，包括高校、科研机构的建设也有待加强。

40年前，中国经济体制改革从广东、从粤港澳大湾区起步，招商引资带动的经济浪潮带动了中国经济的腾飞。40年后的今天，招才引智能否再掀起新的浪潮，也决定了粤港澳大湾区能不能再创新的辉煌。

问：粤港澳大湾区建设“人才湾区”有什么优势？

王辉耀：粤港澳大湾区的经济基础与产业链互补为人才提供了发展的基础。如今粤港澳大湾区拥有世界最大的海港和空港群，航空市场规模领先全球，有国际化综合枢纽的重要地位；粤港澳三地的产业优势形成互补，随着珠三角九市的传统产业向高端制造业及产品研发、现代服务业等价值链高端延伸，将成为高端人才集聚的基础。

粤港澳大湾区高端创新资源汇聚也为人才提供创新创业的环境。粤港澳大湾区集聚众多高水平大学，粤港澳三地高校逾百所，在校生超300万人。港澳高校的国际化特色和学科领先水平与广东高校的本土化和市场化优势结合能为世界级高校集群建设提供更长远的支持。

宜居宜业宜游的优质生活圈又为人才提供了安居的保障。其中，随着港珠澳大桥等一系列基建项目的实施，珠三角城市群将实现大湾区主要城市间“1小时生活圈”，推动生产要素的高效流转和集约配置，加速三地的人才流动，为打造内联外通的人才发展格局奠定基础。

具有全国领先优势的政策为人才提供了集聚的动力。在人才发展上拥有作为自贸试验区，享受在广州南沙新区片区、深圳前海蛇口片区和珠海横琴新区片区等自贸试验区区域实现人才政策创新与先行先试的一大优势。在与港澳等境外人才政策上先从试点地区突破，再到粤港澳大湾区复制推广是自贸试验区为大湾区人才发展提供的优势之一。

重点发力
拓宽招揽渠道　广聚天下英才

问：《规划纲要》提到，要拓宽国际人才招揽渠道。粤港澳大湾区如何吸引优秀的国际人才、培育国际人才集聚的土壤？

王辉耀：不管是旧金山湾区、东京湾区还是纽约湾区，在某种意义上来说，这些湾区都有一个很显著的特点，那就是国际人才的集聚，国际化人才集聚的比例非常高。例如，位于旧金山湾区的硅谷，有接近一半的创新创业者都是来自全球各地的国际人才。目前，粤港澳大湾区范围内广州、深圳、香港等地的外籍人才占常住人口比例仍较低。在新的时代背景下，粤港澳大湾区如何构建具有国际竞争力的人才制度体系，加大国际人才引进力度，实现弯道超车尤为关键。粤港澳大湾区建设的关键在于广聚天下英才，粤港澳大湾区不仅要成为中国的大湾区，而且要成为世界的大湾区。

城市引才吸引力和人才竞争力的高地，与该城市灵活的管理、商业环境及对内外开放的程度等因素息息相关。粤港澳大湾区要成为吸引全球人才的大磁场，广东与香港、澳门紧密联手，是吸引国际人才最理想的基础。接下来，围绕《规划纲要》，在《深化粤港澳合作推进大湾区建设框架协议》和《粤港澳大湾区旅游业界合作协议书》框架下，粤港澳大湾区可以借鉴海南省免签新政的成功经验，探索放宽海外人才入境粤港澳大湾区限制，允许海外人才以旅游、短期学术交流、创新创业合作等为目的，从粤港澳大湾区任意对外开放口岸免办签证入境，并在大湾区区域内停留最多30天，助力大湾区成为实现海内外人才交流与聚集的集聚地。同时，可以创新粤港澳大湾区柔性引才措施，考虑面对外籍人才实施工作假期签证，允许签证持有人在大湾区范围内合法受雇，短期从事专业领域工作或研究。另外还可以实施全球英才招聘工程计划，推动落实引才系统化精准化，建立专门在全球搜索、关注、接触、挖取人才的大湾区猎头部门。利用香港、澳门国际化的优势，实施全球英才招聘计划，以海外高端留学人才与华裔人才为重点，外国高级人才为补充，吸纳具有战略意义和领军作用的全球顶尖人才。

问：《规划纲要》也明确提出，支持大湾区建设国际教育示范区，引进世界知名大学和特色学院，推进世界一流大学和一流学科建设。集聚国际人才，也将加快一流大学的建设。

王辉耀：是的，在这方面香港已有很好的范例样本。比如，香港科技大学在成立之时就有约85%的师资来自全球各地，在30年内就打造成了世界一流大学。目前香港国际化师资的比例占到了40%，而内地高校的国际师资比重仍较低。未来粤港澳大湾区推动人才引进也需要载体。如果我们能引进10所国际大学，粤港澳大湾区的国际人才就可以很好地沉淀下来。

机制创新
建立人才飞地　创造外溢效应

问：《规划纲要》提出，要探索有利于人才、资本、信息、技术等创新要素跨境流动和区域融通的政策举措。如何进一步推动粤港澳大湾区人才的流动，创新建立大湾区人才一体化运行机制？

王辉耀：随着港珠澳大桥、广深港高铁建成通车，粤港澳之间的物理连接网络逐渐形成，但人才网络还有待进一步成形。粤港澳大湾区的硬件设施已经具备吸引国际人才的条件，目前要更多注重软件方面的建设，学习国际先进经验，与国际做好对接，力求将全球人才为我所用，助力大湾区人才战略全面顺利实施。我建议可以从几个方面来进行探索：

一是建立互通互认、共享共建的人才引进、评价、服务体系，比如通过推广“大湾区人才卡”“大湾区英才计划”等政策，在税收、出入境、执业资格等多个方面消除壁垒，打造粤港澳大湾区人才更加自由、更加便捷流通的运行机制。

二是可以考虑建设“人才保税区”。对区内企业、机构设立的研发中心接受港澳台、国外捐赠或从港澳台、国外购入的教学科研设备、仪器、用具等，取消进口上限，给予免税或保税；对技术先进，尚未列入国家鼓励类外商投资项目的企业进口、境内不能生产或性能不能满足高层次人才企业需要的生产设备，给予进口关税和进口环节增值税税收优惠。

三是可以在粤港澳大湾区城市实现多试点布局，建立人才飞地。围绕战略性新兴产业领域，秉承“借脑研发、柔性引才、合作共赢”的理念，通过在港异地建设研发机构、众创空间、创新创业孵化器等形式，运用好“政府+市场”的“双手”，允许大湾区三地人才在飞地自由出入境，创新创业，最大限度地实现政府间的土地使用空间整体转让。而飞地在快速发展过程中，也必然对周边地区产生积极影响，带动周边地区的发展，产生良好的外溢效应。

香港人才社会化、市场化的行业协会认证模式也是一种值得借鉴的做法。在设立制度、财务制度、入会制度、管理制度和职业认证制度等方面引进和推广香港职业资格制度，使粤港澳大湾区内行业协会发挥更加积极的作用。

撰稿：黄叙浩　郑佳欣　龙金光

张道根：
广东最有可能在新经济领域领跑

“中国经济正处于深刻的结构性变革中，正在从‘老经济’转向‘新经济’，广东作为全国新经济发展最好的地方，将来可能在新经济领域领跑，要加快培育新经济，从根本上改变增长动能。”上海市社会科学院院长张道根接受专访时表示。

张道根强调，要将“培育新经济，增强新动能”作为粤港澳大湾区建设的重中之重，重新构建粤港澳大湾区的金融体系，联动香港、澳门、广州、深圳四个中心城市，利用大湾区优势，搭建跨区域、跨部门、跨地方的技术平台和公共平台，加强对新经济所需要的基础设施投资，满足新经济发展的技术要求。

发展新技术　领跑新经济

问：当前世界经济形势错综复杂，应该如何看待其总体趋势？

张道根：一是要看清世界经济百年未有之大变局的大势，二是要把握中国经济发展的根本性走向。世界经济变化大势对中国经济、广东经济的影响有两个突出特征。

第一个特征，以智能化、网络化、数字化为核心，新能源、新材料、新医药为支撑的新技术革命已经到来，带来的是产业结构、资源要素的利用结构、生产组织形式和体系的全面重构，这对经济发展会有决定性的全面影响。

第二个特征，全球产业链呈现区域性收缩，而不是扩展。最大特点是高端产业、核心技术研发、高增值的价值链更多向发达国家收缩。同时，传统产业和中低端产业更多向成本更低的发展中国家和地区转移。

问：在这样的趋势下，如何把握中国经济未来发展？

张道根：在这两个趋势下，中国经济未来发展有三点需要把握。

第一，20世纪90年代到21世纪前10年，大规模出口带动、外资拉动的经济增长不会重现。

第二，过去40年，由投资驱动、资源要素投入驱动和居民商品消费形成了排浪式升级，并带来了经济持续强劲增长，靠基础建设、房地产、重化工业支撑的经济增长模式，可能难以为继。

第三，新技术、新产业、新业态、新模式会快速成长，传统产业如果不能实现转型，可能难以为继。

中国经济正处于深刻的结构性变革中，正在从“老经济”全面转向“新经济”。“老经济”指产业结构偏重的重化工业，依赖中低端制造和低附加值的服务型经济。“新经济”指产业结构偏向高端制造，包括新能源、新材料、生物医药，依靠研发设计、智能智慧应用和具有高附加值的专业服务业经济。从整体看，我国劳动密集型企业多，核心技术缺乏，导致企业平均利润率下降，边际利润递减，从而造成投资信心不足，解决问题的关键是新老经济转化。

问：广东应该如何应对这种发展趋势？

张道根：广东在全国新经济发展中势头旺、经济好、生态环境好，也是这几年绩效表现较好的地方，所以广东最有可能在新经济领域领跑。

广东要全力培育新经济做强做大，真正转换增长动能。上海也在这么做，但是上海和长三角的经济结构更偏向重工业，结构转型难度更大。

下一步，引领中国经济走向高质量发展有两个主要的增长极，一个是粤港澳大湾区，另一个是长三角地区。广东需要通过全面推进粤港澳大湾区建设，加快形成分工有序、功能互补、高效协同的城市体系。

广东要加强新经济所需基础设施投资

问：近年来，经济全球化出现了很多新变化，大都市圈、城市群的作用更加突出，请问应该如何看待这种现象？

张道根：客观来说，世界经济全球化、信息化以后世界变平了，以大都市圈、城市群为代表的经济高地更高了。美国经济是靠大都市圈，日本更是如此。东京都市圈容纳了日本1/3人口，能提供1/3的工作机会和1/3的产业增加值。粤港澳大湾区也很有潜力。

问：在此背景下，广东应如何更有效应对世界经济的新挑战？

张道根：广东是中国经济第一大省，对全国经济发展意义重大。我对广东发展有四点建议。

第一，广东要将培育新经济、增强新动能作为重中之重，一直抓下去。

在中国改革开放的历史上，广东改革创新是最活跃的，通俗来说是胆子最大、活力最强，也是在中国1978年改革开放之后走在最前的。广东一直都是改革开放的先锋。广东的特点是敢闯敢干敢创新，现在中国更需要这种精神。

第二，要重新构建金融体系。过去的金融体系以间接金融为主，对创新的支持不够，主要是支持重化工业，支持基建、房地产，但在新经济、新金融的发展上是滞后的。广东要利用好广州和深圳的地域优势，借助粤港澳大湾区建设多层次的金融市场体系。

第三，联动区域创新。可以利用粤港澳优势，搭建跨区域、跨部门、跨地方的技术平台和公共平台，汇聚各地优势资源。

第四，在新经济发展方面，要加强基础设施投资，特别要加强对新经济所需要的基础设施投资。因为新经济所需要的基础设施跟传统基础设施不同，比如说5G网络、人工智能、区块链等，要紧紧围绕新经济来攻关技术难题。

问：广东应该如何借助粤港澳大湾区这一历史机遇实现高质量发展？

张道根：第一是要做好与港澳协同发展的准备，粤港澳大湾区对珠三角城市群来说是巨大的历史机遇。

第二是充分利用大湾区的科技力量。广东长期贴近市场的技术创新是最重要的优势。原始创新也很重要，科学研究领域的原创是思想、理论的原创，技术原创主要还是在企业。只有可以产生市场收益的才是技术创新。广东在技术上的创新领先优势要继续加强。

撰稿：王彪　黄应来　丁慧

王珺：
粤港澳合作从“借船出海”升级到“造船出海”

“粤港澳必须携手紧密合作，共同把船做大，才能在全球化中乘风破浪。” 广东省政协经济委员会主任、广东省社会科学院原院长王珺深入解读《规划纲要》，全面阐释粤港澳大湾区战略下广东的使命与机遇，并为粤港澳大湾区发展建言献策。

深度合作有利于应对全球化

问：《规划纲要》指出，打造粤港澳大湾区，建设世界级城市群，有利

于丰富“一国两制”实践内涵。请问该如何认识和理解这一点？

王珺：建设粤港澳大湾区是粤港澳合作的深化，既有利于“一国两制”本身，在国际贸易和区域合作的制度中也增加了一种新的类型，有利于丰富全球范围内的区域合作实践。

问：粤港澳大湾区的实际情况是，一个国家、两种制度、三个关税区、四个中心城市。这是粤港澳大湾区的特点和优势，在这种情况下，如何进一步推进大湾区建设？

王珺：粤港澳大湾区不仅有深厚的合作基础，随着经济全球化和科技快速发展，粤港澳都产生了进一步共同发展的需求，这种合作需求产生后，大家才有动力来共同推动深度合作发展。有了这个需求，大家就会坐下来商量适合整个区域发展的硬环境与软环境建设。

《规划纲要》确定了粤港澳大湾区发展的指导思想、基本原则、战略定位、发展目标等，这充分反映了各方的利益诉求与发展需求。在《规划纲要》指导下，先易后难、循序渐进，容易的问题先解决，给难的问题创造条件、奠定基础，然后逐步地升华，那么适合粤港澳大湾区整体性发展的硬环境与软环境建设就会更快推进。

问：推进粤港澳大湾区建设，广东将承担哪些重大责任和使命，又面临怎样的历史机遇？

王珺：首先，粤港澳大湾区是国家战略，广东作为参与主体之一，有责任全力推进这项国家战略的实施。

其次，粤港澳大湾区对于广东、香港和澳门来说，是实现三赢的重大历史机遇。在经济全球化的背景下，如果大家不能够一起有效合作，那么各方都难以独自应对未来发展，也都难以更好地完成国家布置的任务。

在粤港澳大湾区战略下，粤港澳三地能够实现优势互补。过去我们说“借船出海”，现在我们要联手出海，一起把船做大，才能在全球化中乘风破浪。粤港澳大湾区建设既有利于港澳地区繁荣发展，也有利于广东的战略发展。

建设国际科技创新中心正当时

问：粤港澳大湾区要建设成为国际科技创新中心，您认为有哪些基础和条件，应该如何推进？

王珺：新一轮技术革命的格局下，粤港澳大湾区面临很大的机遇，比如大数据、工业互联网、5G商用、人工智能等。同时，处在创新发展的中国也需要有具有创新竞争力的国际科创基地。从目前来看，粤港澳大湾区最有发展条件。

第一，创新的基本条件是要跟上新一轮技术革命的前沿，要和世界上最前沿的研究中心保持紧密的联系。这一点香港具有得天独厚的条件，其多所高校在全球高校排名中名列前茅，它们与哈佛、牛津等顶级学府保持着紧密的学术联系。

第二，新一轮技术革命所涉及的领域很广，包括生命科学、生物医药、绿色环保等。香港在生命科学、生物医药等领域具有优势，深圳、广州、东莞在电子信息的开发、电子软件硬件的开发和应用方面实力强劲。开展生命科学研究需要互联网和数字化的基础，这就产生了相互联动的需求。

第三，创新活动最重要的是金融支持，香港以间接融资为主，深圳金融的优势在直接融资，包括风险投资、基金。香港和深圳的金融功能有所不同，在大湾区内两者互补，不能替代。广州近年来直接融资发展也非常快，增长率排在前列。加上广州高校科研院所较多，这必将释放更大的创新活力。

第四，打造国际科技创新中心，需要在人才的规模、大学的储备等方面进行有效协调，这就涉及平台型研发品牌的建立，需要创新能力强的中心城市之间相互联动。

第五，大湾区在科研成果转化方面的空间比较大，需要在产业基础和市场机制两方面进行配套。《规划纲要》提出“开展知识产权证券化试点”，这就是指将自己手中的知识产权以证券化的方式进行融资，为企业尤其是高科技创新型中小企业缓解资金不足提供了一种非常现实的选择和出路——通过证券化，推动知识产权有效转化。

中心城市离不开腹地支撑

问：《规划纲要》提出，优化提升中心城市。以香港、澳门、广州、深圳四大中心城市作为区域发展的核心引擎，继续发挥比较优势做优做强，增强对周边区域发展的辐射带动作用。在打造国际一流湾区和世界级城市群的过程中，四大中心城市的作用应当如何更好发挥？

王珺：要成为世界级城市群至少有三个条件：第一，要有中心城市，这是城市群的核心，中心城市可以集聚创新资源，发挥引领和辐射作用。第二，中心城市要有腹地，比如说，伦敦湾也是个湾区，但国际四大湾区中没有伦敦湾，研究发现，伦敦作为中心城市，腹地有限，很难支撑其成为世界级湾区。而对比纽约，上下连着波士顿和华盛顿，它的腹地很广阔。可见，腹地是支撑一个大城市和城市群最基本的条件，没有足够大的腹地就不能产生很强的城市，就不能产生世界级城市群。第三，要与世界、特别是世界中心城市保持着紧密的联系，包括信息、资本、人员、技术、创新等方面。

由于大城市就业机会多，收入高，大家都流向大城市，这导致大城市单位土地承载量上升，进而土地成本提高，一些用地较多的部门与行业只能向外转移。转不出去，就没有空间发展收益更高的产业。港澳地区要持续高质量发展，必须要推进产业升级。要做到这一点，必须要打通其与内地的联系，使收益比较低的行业部门转移到土地相对便宜的地区，从而腾出空间来发展更高层次的产业。

大城市要聚集高端资源，需要平台、资金和必要的空间，这是发挥大城市聚集功能所不可缺少的。随着聚集的增强，向周边地区扩散就不可避免。这种扩散就是对周边地区的辐射与带动。这两种功能是有逻辑顺序的。有了聚集，才有扩散。有扩散，而没有聚集，大城市会被掏空。只有聚集，而没有扩散，聚集最终因空间所限而受到约束。所以既要吸收创新资源，又要保持与周边地区联动，这是大城市的生命力所在。孤立的发展是行不通的。

《规划纲要》提出建设重要节点城市。增强发展的协调性，强化与中心城市的互动合作，带动周边特色城镇发展，共同提升城市群发展质量。此外，发展特色城镇和促进城乡融合发展也是建设城市群的重要有机组成部分。这些都是基于大城市之间、大城市与节点城市之间、大城市与卫星城市之间以及城市与乡村之间互动而展开的。

问：四大中心城市的定位比较清晰，应该怎样促进它们之间的互动和合作？

王珺：过去产业链合作以垂直分工为主，比如上游、下游。现在发生了很大变化，从全球来看，水平分工的数量超过了垂直分工。比如美国、德国、日本都生产汽车，但是汽车类型有所区别，各有各的市场定位，相互在技术层面进行合作。当前，水平分工在创新活动当中的比重会越来越大，香港、澳门、广州、深圳之间的合作主要是以水平分工为特征。

创新最大的问题是不确定性，这就需要大家一起来试验探索。现在技术进步很快，产业链条和环节越来越细分，单个企业或组织很难独自应对，必须要和外部紧密合作。由于是水平分工，互补性增强，因而这种合作会密切大家的关系。当然，这种合作必须要有产权保障、制度保障。

粤东粤西粤北要提升产业配套能力

问：广东提出要构建“一核一带一区”区域发展新格局，该如何与粤港澳大湾区结合起来？

王珺：“一核一带一区”和粤港澳大湾区有共同组成部分——珠三角九市，这是广东的“一核”，也是大湾区的重要组成部分。区域发展有两个层次值得关注：一是大湾区中心城市产业通过创新合作向高端发展，二是粤东粤西粤北主动对接，接受大湾区特别是中心城市的辐射带动。

从产业方面来看，“一核一带一区”发展格局要加快构建，首先来看这“一带”怎么和“一核”合作，关键是要把握珠三角或者粤港澳大湾区重点布局的产业是哪些，下一步甚至再下一步会转移的产业是哪些。同一个企业，究竟往粤东还是往粤西转移，在距离相同和营商环境也相同的条件下，就看哪个地方基础设施、产业基础比较好，能够便利转移，并和它的业务相配套。

珠三角有非常强的吸引力，产业体系不仅完备，且形成了扎根的特点，把大企业牢牢地“吸”在这里。粤东粤西粤北发展什么样的产业，关键要提前预判核心区域将会转移出哪些产业，提前布局，提升对目标产业的配套基础和服务能力。

产业转移本身是一种市场行为，我们要坚持规律，按照规律来办事。这种转移的过程是一个梯度的、渐进的过程，需要服从梯度发展的规律。

北部生态发展区定位为生态优先、绿色崛起，要优先发展绿色节能环保产业，要和绿色产品的开发、低碳生活方式的开发结合起来。沿海经济带要和海洋经济连在一起研究，和绿色发展结合起来。粤东粤西粤北各有各的优势，都有很大的空间。

撰稿：黄应来　王彪

顾敏康：发挥湾区制度优势助推“一带一路”建设

全国港澳研究会理事、香港“一带一路”国际研究院研究员顾敏康接受专访时表示，《规划纲要》的出台，意味着粤港澳大湾区要在“一个国家、两种制度、三个关税区”前提下进行高度的经济整合，可充分利用三地的优势互补，共谋发展。

高度经济整合可实现三地优势互补

问：近年来，粤港澳合作不断深化，基础设施、投资贸易、金融服务、科技教育、休闲旅游、生态环保、社会服务等领域合作成效显著，已经形成了多层次、全方位的合作格局。粤港澳大湾区的建设，将对三地发展起到怎样的推动作用？

顾敏康：粤港澳三地的经济合作一直在进行，近年来更加频繁。

第一，《规划纲要》的出台，提供了一个崭新的合作概念，就是如何在“一个国家、两种制度、三个关税区”前提下进行高度的经济整合，实现三地的优势互补，共谋发展。

第二，可以预计大湾区发展会进一步强化三地间的紧密联系，三地居民也会享受到实实在在的民生红利和发展机会。

第三，粤港澳大湾区建设也是一次对外宣传的良好时机，通过构建开放型区域协同创新共同体、打造高水平开放平台，对接高标准贸易投资规则，加快培育国际合作和竞争新优势，营造良好投资环境，可以讲好大湾区故事，讲好中国故事。

问：粤港澳大湾区的一个突出特点是，一个国家、两种制度、三个关税区。粤港澳大湾区应如何在此基础上实现协同发展？

顾敏康：“一国两制”既是香港、澳门在大湾区的优势，也是粤港澳大湾区迈向国际一流湾区的重要基础。

《规划纲要》在多处强调了“一国两制”，尤其在“指导思想”一节专门阐述。下一步，我们要根据《规划纲要》，出台更多的细化措施配套。

首先，粤港澳三地应通过经济合作共同促进经济繁荣，让老百姓都过上好日子。但大湾区建设显然离不开“一国两制”的深化发展，这就需要在严格贯彻“一国两制”的前提下认真落实好《规划纲要》。

其次，大湾区成功的一大关键在于通关便捷，应着力推进口岸监管部门间的信息互换、监管互认、执法互助。

最后，粤港澳大湾区是一国之下三个区域的紧密合作，应该先就良好产业政策和法律制度进行对接。好的营商环境是大湾区建设成功的重要基础。

推动大湾区内优质教育资源共享

问：《规划纲要》提出，推动教育合作发展。支持粤港澳高校合作办学，鼓励联合共建优势学科、实验室和研究中心。您认为粤港澳大湾区未来在教育方面有怎样的合作空间，应如何促进大湾区内的人才培养和交流？

顾敏康：粤港澳三地在教育方面具有很大的合作空间。建议在以下四个方面展开合作：

第一，鼓励香港高校在内地开办分校，重点招收内地优秀的研究生或博士生；同时也需解决香港高校与内地之间在制度、观念、质量管理等方面的差异，共同提升粤港澳三地科研水平。

第二，强化粤港澳大湾区高校在线开发课程联盟，突破传统教学模式，把好质量关和标准关。令大湾区里的高校学生不仅可以不出校门选修校外优质课程，更通过学分互认解决学分制问题。

第三，香港高校应制定新政策，为香港教师在大湾区从事教学和科研工作提供便利。香港高校应允许更多的大学教授前往大湾区内地高校兼职，且要重新审视“校外教学”或“校外工作”的政策，对大湾区高校“特聘教授”岗位要给予更多政策上的支持。

第四，大湾区高校应积极主动招纳国际化人才，在语言、专业课程等方面积极借鉴港澳吸引国际高端人才的经验，创造良好的人才引进环境。

问：在粤港澳大湾区加快建设的背景下，三地应如何进一步加强交流与协作？

顾敏康：随着社会经济的发展和城市间交流的不断增进，三地社会制度、法律制度等方面的差异会更多转化为协调发展的优势。粤港澳大湾区建设无疑会发挥促进作用，这需要注重以下几个方面：一是三地人员流动的问题，现在开通了港珠澳大桥和广深港高铁，如何进一步做好通关便利十分关键；二是要解决与投资、就业相关的税务问题；三是法律配套问题，制定符合大湾区实际的制度规范；四是大湾区管理问题，政府应加强污染防治，做好公共服务均等化、基础设施建设、贸易规则的制定落实等工作，其他的事项交给市场决定。

香港可成为“一带一路”建设重要助力

问：《规划纲要》提出，粤港澳大湾区的建设有利于推进“一带一路”建设，通过区域双向开放，构筑丝绸之路经济带和21世纪海上丝绸之路对接融汇的重要支撑区。粤港澳大湾区在“一带一路”建设中将发挥什么作用？

顾敏康：《规划纲要》指出要“提升大湾区市场一体化水平，全面对接国际高标准市场规则体系，加快构建开放型经济新体制，形成全方位开放格局”。在这方面，港澳的开放平台和示范作用不可忽视。大湾区发展的成功经验也可以为内地其他城市提供借鉴。

首先，“一带一路”倡议令对外投资行为变为更加有序的对外投资和合作。

在这方面，港澳可以借着“一国两制”的优势，全面参与和助力“一带一路”建设安排。香港的专业人士，尤其是法律专业人士熟悉国际贸易和投资法律规则，可以与“一带一路”沿线国家磋商有关规则和协议。香港法治水平得到世界广泛认可，有利于在与“一带一路”沿线国家的互联互通中发挥有效作用。香港的争端解决机构声誉良好，可以在预防和解决国际争端方面发挥正面作用。

其次，粤港澳大湾区战略与“一带一路”建设并行不悖，且紧密联系。

就此而言，这是基于粤港澳大湾区的独特优势：大湾区是“一国两制”深化发展的结果，需要不同制度的优势互补和有机配套；大湾区的目标是发展金融、科技和产业，并且打造世界最大的海港群和空港群，打造世界最大的金融中心之一。

粤港澳大湾区要打造同时具备“科技、金融和产业”的国际一流湾区，香港、深圳的科技研发、香港的金融服务以及内地的完整产业链，都会成为大湾区的优势所在。而大湾区建设的顺利推进不仅可以打造良好的营商环境，也可以形成良好经济、规则和管治的示范效应，增强中国在“一带一路”建设中对沿线国家的吸引力，同时也令其更加了解中国在互惠互利发展方面的诚意和作用。就此而言，成功的大湾区就是“一带一路”的重要支撑区。

香港要在“一带一路”的大格局下考虑大湾区的重要意义，助力大湾区打造“一带一路”建设重要支撑区。

撰稿：王彪

杨道匡：
粤澳协同构建世界旅游休闲中心

《规划纲要》提出，以香港、澳门、广州、深圳四大中心城市作为区域发展的核心引擎，继续发挥比较优势做优做强，增强对周边区域发展的辐射带动作用。

“在广深港澳科技创新走廊中，每个城市有各自的优势产业，互相合作就能通过科技创新带动未来发展。”广东省政协常委、粤港澳合作促进会常务副会长、澳门基金会研究所副所长杨道匡在接受专访时表示，粤港澳大湾区城市间的合作将为澳门拓展更大的发展空间。澳门可发挥自身优势，与珠江西岸城市交流合作，协同构建世界旅游休闲中心，打造以旅游商务为先导的现代服务产业群。

向珠江西岸拓展共建现代服务产业群

问：《规划纲要》提出，以香港、澳门、广州、深圳四大中心城市作为区域发展的核心引擎。同时，明确澳门建设世界旅游休闲中心、中国与葡语国家商贸合作服务平台，促进经济适度多元发展。澳门如何发挥自身优势，与广东、香港一起建设好粤港澳大湾区？

杨道匡：“中心城市”对澳门来说是新的定位，在粤港澳大湾区建设过程中，将推动澳门与湾区城市尤其是珠江西岸城市展开更多的合作。《规划纲要》提出澳门建设世界旅游休闲中心，湾区城市间的合作将为澳门拓展更大的发展空间。

数据显示，澳门2018年接待游客3580万人次，2017年是3260万人次，增速显著。如今，港珠澳大桥开通，未来各方面环节打通，外围交通网络更便利。

澳门历史城区是联合国世界文化遗产，富含葡语系国家文化积淀。虽然澳门有一批大型度假村式的酒店，但城市空间有限，要接纳这么多游客，必须跟大湾区其他城市协同发展。澳门的旅游业要进一步发展，也离不开其他湾区城市的支持。2019年是澳门回归20周年，未来20年这个世界旅游休闲中心怎么建，其中肯定有很大的合作空间。

实际上，澳门与珠江西岸城市的合作交往一直在推进中。珠海横琴的面积有澳门的3倍多大，可弥补澳门没有主题公园以及山林、原野等绿色生态环境的短板。近年我们一直提议建设“一河两岸”特色的世界旅游休闲中心，珠海与澳门互补发展，承载力和接待能力都将明显改善，两地产业将有很好的互动。

如果将合作空间向珠江西岸拓展，江门的海岸线也很好，包括川山群岛和世界文化遗产开平碉楼；阳江有海陵岛和南海一号博物馆，海滩也非常好，再往西的茂名和湛江也有很好的海岸线和旅游资源。因此，整个珠江西岸的城市联合起来，可共同开发历史文化、休闲度假、会议展览、养生保健等旅游产业，为旅客提供多元旅游产品和服务。这样不仅可以弥补澳门土地空间不足、人口密度过高的问题，还可以跟内地其他旅游城市错位发展。通过逐步深化澳门和广东的合作，在珠江西岸连成一片以旅游商务为先导的现代服务产业群。

与此同时，在旅游业的教育培训方面，澳门也有显著的特点。澳门大型度假村和酒店非常集中，这在大湾区城市中是比较领先的。澳门可以为大湾区旅游专业的学生提供很好的培训和实习条件，在这里可以接触到世界一流的酒店设施和管理。这是澳门目前可以发挥领先作用的地方。

“金融+科技”提升大湾区科技创新能力

问：《规划纲要》提出，推进“广州—深圳—香港—澳门”科技创新走廊建设，探索有利于人才、资本、信息、技术等创新要素跨境流动和区域融通的政策举措。在加快推动这一科技创新走廊的建设方面，您有什么建议？

杨道匡：澳门长期以来经济结构相对单一，90%以上是服务业，包括旅游酒店、餐饮美食和批发零售业等，在制造业、科技创新方面是短板。但澳门也设有科技研究的国家重点实验室，在融资方面较为便利，最佳选项就是跟大湾区的其他城市合作。

在广深港澳科技创新走廊中，每个城市有各自的优势产业。在生产要素方面，澳门相对有资金优势。近年，澳门特区政府正在谋划利用财政超额储备成立投资基金，通过投资基金投向科技项目，可以推动经济适度多元发展。

通过“金融+科技”的形式，同时通过区域合作，解决科研项目走出实验室后需要的金融支持、生产厂家和市场等问题，可以提升大湾区的科技创新能力。借此机会，澳门也可以提高科技研发能力。比如抓住机遇引进一批高端人才，充实国家重点实验室，同时争取国家的科研基金。还可以购买专利，与大湾区企业成立股份制公司等，澳门就能快速拥有科技产业。

通过湾区城市群的合作，尤其是与广州、深圳这两个创新能力在全国都处于前列的城市合作，可以把澳门制造业和科技创新的薄弱环节尽快提上去。

联合发起海上丝绸之路沿岸联盟

问：粤港澳大湾区要紧密合作共同参与“一带一路”建设。澳门将如何发挥开放平台与示范作用，携手扩大对外开放？

杨道匡：历史上的海上丝绸之路，澳门曾经是重要节点，跟沿岸国家和城市有着人脉关系和相近的文化元素。按照这个思路，粤港澳大湾区的城市可以联合起来，联合发起海上丝绸之路沿岸联盟或者海上丝绸之路国际港口城市联盟。

此外，澳门作为中国与葡语国家的商贸合作服务平台，可以发挥自身优势助力国家对外发展。比如将海上丝绸之路沿线国家的求学青年招录来澳门，高校提供奖学金，进行投资、贸易、商业、文化等方面的人才培训，学成后，他们也可回国从事有关商贸平台的服务工作。

对于澳门来说，在国家经济发展和对外开放中发挥独特优势，其中一项功能和作用就是，在澳门举办中国与葡语国家经贸合作论坛，并加强澳门作为中葡商贸合作平台的服务作用。中国—葡语国家经贸合作论坛（澳门）于2003年10月在澳门创立，旨在加强中国与葡语国家之间的经贸交流，发挥澳门联系中国与葡语国家的经贸平台作用，促进中国内地、葡语国家和澳门的共同发展。

如今，澳门在会展方面也打出了自己的品牌，比如有国际环保展、粤澳名优产品展，还有国际贸易投资展以及世界旅游经济论坛等。粤西乃至内地的城市如需拓展海外市场，也可以通过澳门的会展平台。这里可以为他们对接海外市场、寻找合作伙伴或代理商，发挥澳门作为葡语系国家商务服务平台的作用。

问：《规划纲要》提出，澳门要打造以中华文化为主流、多元文化共存的交流合作基地。澳门将如何发力，与广东、香港共建人文湾区？

杨道匡：澳门在文化上的显著特点，就是积淀了葡萄牙风格的文化特色，主要表现在建筑、街区、语言、文化和美食等方面。如果将这些有特色的建筑风格、旅游工艺品和美食拓展到珠江西岸，就使得这一带的旅游产业具有独特的风格和文化。

从宏观层面看，体育也属于大文化的范畴。在葡语系国家中，葡萄牙和巴西都是足球强国。澳门作为中外文化交流合作平台，可以把他们的足球元素引进大湾区。澳门还可以将葡语国家的足球运动员引入澳门的足球俱乐部，通过参与湾区城市的足球比赛将大湾区的足球打出名声。

文化和旅游结合在一起，本来就有品牌效应。澳门的这种独特的人文元素，未来可以充分发挥出来。

撰稿：吕道励

陈东敏：粤高校可借助企业市场推动更多科研成果转化

“粤港澳大湾区应该寻找大学真正有价值的成果转化到工业等领域。”北京大学教授陈东敏时表示。

陈东敏表示，应该将企业资源、大学资源、政府资源融合起来，搭建深度融合的创新资源结构，形成能够自我进化的创新体系。

目前，陈东敏在东莞松山湖材料实验室担任常务副主任，该实验室目前

已经引进18个高水平的研究团队，研究领域包括高温材料、新能源材料、医用新材料等。

提升专利价值提高转化率

问：近年来，北京大学在科研成果转化方面取得长足进步，请问高校科研成果实现产业化面临哪些挑战，北大有哪些经验？

陈东敏：大学可以将科研成果交给企业和市场进行转化，企业也可以将研发需求委托给大学。大学科研成果转化的难点在于社会对技术研究转化后的期望值与转化成果存在一定差距。目前大学研究成果转化率低的原因之一是很多技术最后没有真正投入应用。为此，我国推出很多鼓励政策，比如将国有出资研发的成果交给大学处置，由大学自行制定制度将收益分配给教授。该制度于2015年推出，北大于2016年开始实施，取得不错的成效。

转化率低的另一个原因是成果本身转化价值不高。以前科学家更多追求专利总量，但专利并不等同于学术成果。如果科学家更加熟悉成果转化过程，使其研发成果更接近市场，会更容易被市场认可。

要提高专利的转化率，首先要保证专利具备高价值，应鼓励追求更高品质、系统性更强的专利，其次要注重专利保护。

问：广东应如何营造更高水平的创新创业生态？

陈东敏：以硅谷为例，其依托高校进行前沿基础研究和应用型研究，吸引一批创业和资本先驱，很早就大胆提出新型产业的概念，吸引大量的外部人才和资源汇入，经过优胜劣汰，引入资本支持，最后成为产业集群。这个速度非常快，通常几年之内就形成。

一个个的创新孤岛不可能产生真正的创新生态集聚效应。应该将企业资源、大学资源、政府资源融合起来，搭建深度融合的创新资源结构，形成能够自我进化的创新体系。

构建能力互补的成果转化团队

问：科学研究离不开高层次的研究人员，那么在科研成果的转化过程中对人才又有怎样的要求？

陈东敏：目前需要解决的主要是成果转化的人才问题，要想方设法提升人才能力，改善转化方法。

国内互联网公司的创新创业能力已经与美国等发达国家相近，短板在于材料科学、生命科学、新医药等领域的科技成果转化不高，创业成功率较低，企业需求与高校研发成果脱节。

现在很多专利的发明人都是科学家，常规思维是由科学家立项，把研究资金交给科学家。其中关键在于科学家是否具备转化能力。

转化是一个漫长的过程，包括科学家研发阶段、工程师产品开发阶段，科学家还要做企业家寻找市场和资本，最后又要成为产业家，形成产业。所以我们在松山湖专门开设学校，为科学家传授科研成果转化的相关知识。

除了专业知识，科研成果转化还要求创业者非常顽强、有毅力，有巨大的驱动能力，应该成为高校里老师的合作者。中国现在急缺一批既懂得科研，也懂得科研成果转化的人才。目前国内的教育体系没有这方面专门人才的培养机制，这就需要在科研成果转化的实践中进行。

问：2017年和2018年，广东省的区域创新能力连续两年位居全国第一。但在高校科研成果转化上仍有不小空间，对广东促进科研成果转化有怎样的建议？

陈东敏：广东最近启动建设7家省级实验室，未来还会增加，这些实验室将推动创新，促进产业发展。对于广东，我有四个方面的建议。

第一，要办学引导企业家、科学家转变思维。培养科学家的工程思维、产品思维和创业思维。

第二，吸引青年博士后成为未来的科技转化主体，组建科学家、企业家、创业家共同组成能力互补的团队。中国现在急需优秀博士生人才解决关键技术突破的问题。

第三，资本应提前介入，引导产业化路径。在成果转化方面，包括广东在内的各地政府投入了大量资金，也建立了很多引导基金。但是，政府建立基金往往旨在引导新资本进入，我们做原始创新研究时，资本应提前介入，引导产业化路径，将市场的观点带到实验室中。

第四，请企业进来，协同成果转化。我们应该挖掘一批企业，引导它们共建开放创新实验室。具体可以有两种模式，其一是攻关研究，企业将重大市场前景的科研难题拿出来，组织专家跟企业一起攻关。其二，是将企业生产能力与现有技术结合起来，带到其他领域，加快转化，形成深度融合的创新创业生态。

引导资本作用前置　支撑实验室发展

问：电子信息产业是广东的重要支柱产业，现在国内外在工业互联网等领域的发展非常迅速，您认为广东应该如何抓住这一机遇？

陈东敏：如今是信息化、智能化时代，需要大量传感器和电子设备，整个产业生态有着巨大的增长机会，广东相关产业应快速、深度了解这一趋势在控制机械臂、传感器等方面蕴含的机遇。

目前中国的数字经济发展较好，但工业的互联网、大数据发展还有很大空间，需要加大软件在工业中的应用，通过软件开发能力为传统电子行业赋能。

问：您认为广东还可以在哪些前沿领域推动科研和产业发展？

陈东敏：目前个性化的精准医疗等领域发展迅速，有可能会颠覆整个医疗体系，对医疗行业产生重大影响。机器人协助的诊断技术也会很快进入医疗领域，而这些都是新增长点。而这在北京、上海尚未出现，广东应该抓住这个机会，加强人才培养，积极引进这种产业机会。

问：《规划纲要》提出，要建设国际科技创新中心，您认为应如何发挥大湾区在科创产业方面的优势，实现这一目标？

陈东敏：目前粤港澳大湾区正在建立的大科学装置会吸引大批人才，进而可建立更多的高校和研究所，吸引更多人才。下一步应建立更完善的科研生态，完善配套设备设施，用高校的优质人力资源带动整个实验室的发展。

在具体政策方面，我建议，一要设立引进系统性成果转化知识和人才的相应政策，纠正重技术轻管理的倾向。二是要设立粤港澳大湾区杰出青年创业计划，用这个品牌来培养创新创业的青年群体。第三，要更多引导资本更早进入，让广东省的成果转化基金更好支撑实验室。第四，建立个性化评价体系，鼓励各个实验室探索不同的发展模式。最后，应该鼓励和支持智库机构开展构建可持续自我进化集群的研究。

撰稿：王彪　丁慧

苏竣：
打造湾区创新品牌
迈向国际科技创新中心

《规划纲要》提出，粤港澳大湾区要打造具有全球影响力的国际科技创新中心。清华大学公共管理学院教授、清华大学科教政策研究中心主任苏竣参与过《规划纲要》的咨询工作。他曾作为文件起草人执笔人或专家组成员，直接参与了《国家中长期科学和技术发展规划纲要（2006—2020年）》等若干国家科技规划、计划或政策的起草与评估工作。

苏竣表示，粤港澳大湾区要充分利用粤港澳三地科技存量及比较优势，加强公共性领域交流与共享，深化互补性领域分工与合作，调动各方积极性、主动性、创造性，合力打造有影响力的湾区创新品牌。

对标国际三大湾区

问：《规划纲要》提出要建设粤港澳大湾区国际科技创新中心。事实上，粤港澳大湾区一直是以科技创新为引领，《规划纲要》的最新定义赋予了哪些新的内涵？

苏竣：首先，要注意“全球影响力”一词。目前世界上最著名的三大湾区分别是美国纽约湾区、美国旧金山湾区和日本东京湾区。《规划纲要》所提出的“打造具有全球影响力的国际科技创新中心”，显然将粤港澳大湾区建设提升到一个新的高度，要以国际视野对标全球科技创新资源最集中的三大湾区开展粤港澳大湾区建设。

其次，《规划纲要》中对大湾区科技创新有历史性的期待。粤港澳大湾区是中国开放程度最高、经济活力最强、创新资源最为密集、创新发展水平最高的区域。粤港澳大湾区建设，特别是新技术、新产业、新业态、新模式的发展，对于实现中华民族伟大复兴有着非同一般的意义。可以说，建设粤港澳大湾区，事关国家统一和中华民族伟大复兴，事关“一国两制”伟大战略构想的成功实践，事关香港、澳门的持续繁荣稳定。

再者，《规划纲要》要着力破除影响创新要素自由流动的瓶颈和制约。粤港澳大湾区是“一个国家、两种制度、三个关税区”，这是全球三大湾区都没有的。这给科技要素流动带来一定的困难和障碍，但是也有科技创新的巨大潜力，更可能取得独一无二的成就。

问：在您看来，粤港澳大湾区要打造成为国际科技创新中心的优势有哪些？

苏竣：第一，基础条件非常好。粤港澳大湾区以0.6%的国土面积创造了中国12.4%的GDP，是目前中国经济实力最强、开放程度最高和最具创新活力的区域，已具备建设世界一流湾区和全球最大湾区经济中心的基础条件。其中香港、澳门是成熟的发达市场经济体，在经济运行、社会治理、规则标准、政府管理等方面与国际更加接轨，科技创新资源集聚，人才优势明显。广东省是内地经济总量最大的省份，是改革开放先行区。三地文化同源、人缘相亲、民俗相近，经济方面互补性强，合作基础扎实而且成果丰富。

第二，区域优势非常明显。粤港澳大湾区建设以大湾区为龙头，以珠江—西江经济带为腹地，可以带动中南、西南地区发展，是辐射东南亚、南亚的重要经济支撑带，对于带动全国改革发展和服务“一带一路”建设具有不可替代的意义。同时，粤港澳大湾区总面积5.6万平方公里，几乎相当于纽约湾区、旧金山湾区和东京湾区的面积总和，2017年末总人口约7000万，远超三大湾区。粤港澳大湾区面积广、人口多，劳动力和市场优势十分突出。

第三，粤港澳大湾区独享“一国两制”优势。与“京津冀”“长三角”的情况不同，粤港澳大湾区除了广东省内的9个城市外，亦包括香港和澳门两个特别行政区。香港、澳门可以在“一国两制”下，发挥双重优势。作为一个高度开放的城市，香港有高效率的营商环境、低税率和简单税制、自由流通的资金和资讯，是不少人才的向往之地。同时澳门在文化上以中华文化为主流，同时又有多元文化共存的良好氛围，有利于来自各个文化圈的人才在此集聚。

加速创新要素流动

问：您刚刚谈到粤港澳大湾区是在“一个国家、两种制度、三个关税区”的条件下建设的。在您看来，科技创新要素在湾区的自由流动，需要在哪些关键方面聚力发展？可以采取哪些措施突破？

苏竣：“一国两制”三个关税区既是粤港澳大湾区建设的边界约束条件，也为创新管理体制机制、绘就未来蓝图提供了无限的可能。

粤港澳大湾区建设要提升香港、澳门普通群众对粤港澳大湾区建设的参与感、获得感和成就感，让港澳民众充分享受改革开放、创新发展带来的红利。同时，遵循“自下而上、顶层设计、充分尊重、充分信任”的沟通原则，在机制、人才、税务、资金流动等问题上进行统筹。粤港澳大湾区建设要考虑香港和澳门政治、经济、文化以及国际环境的一些特殊性，制定具体政策时要接地气，特别是接香港、澳门的地气，充分考虑不同区域文化的差异，优化跟踪机制和评估机制。粤港澳大湾区建设，必须靠广东、香港和澳门各方科技界、学界、产业界的高度认同，因此还需要加强对粤港澳大湾区建设的宣传，凝聚各界对粤港澳大湾区建设的共识。

实现区域协同创新

问：《规划纲要》提出，要深化粤港澳创新合作，构建开放型融合发展的区域协同创新共同体。粤港澳大湾区要如何打造区域协同创新共同体？

苏竣：建设粤港澳大湾区的核心是区域优势的协同以及创新要素的顺畅流动，因此需要激发粤港澳三地创新活力，整合创新资源。具体建议有以下几个方面：

第一，注重区域内的高层决策协调，着力破除各种体制机制障碍。可以设立粤港澳大湾区科技创新委员会专门负责大湾区的科技创新工作，委员会成员应包含11个城市的决策者，共同研究制定科技创新的规划，协调科技创新资源以及创新城市之间的协同，有效发挥各自的优势。

第二，共建大湾区优质生活圈，吸引人才资源充分流动。科技创新、新经济以精英人才、人力资本为本，而这些人才对生活品质有较高的要求，包括气候、环境、公共服务、交通等，粤港澳大湾区应以改善社会民生为重点，完善基础设施，打造国际化教育高地，改进就业创业服务体系，促进文化繁荣发展，把粤港澳大湾区建成宜居宜业宜游的世界级城市群。

第三，世界一流的科技中心一定有世界一流的人才、世界一流的高等院校。现在香港地区、澳门地区有一些世界知名的高校。广东省的中山大学、华南理工大学、深圳大学、南方科技大学、暨南大学都有相当好的世界知名度。但是，面向长远，面向未来，面对更加激烈的国际高科技竞争和人才竞争，我们需要集中力量，突破体制机制的约束，以更开阔的心态，更坚实的步伐，建设一所世界一流的综合性、国际化、研究型大学。

第四，深圳的河套地区区位优越，具有不可替代的战略价值，中央政府和粤港澳三地要高度重视这个地区。要先行先试，将此地建设成为深港科技创新特别合作区，开展政策创新，深化体制机制改革，使之成为粤港澳大湾区科技创新的点睛之笔。

第五，加强重大科学基础设施合作，大力发展科技金融。鼓励香港、澳门高校和科研机构与广州、深圳和东莞等地联合共建共享重大科学工程和科学基础设施，加大国家重大科研设施对港澳开放力度，向香港、澳门开放超级计算中心、散裂中子源等科研基础设施。鼓励基础数据、基础科研条件的跨区域合作，与香港、澳门共享气象、海洋、空间、医疗等领域的科研基础数据。要更加注重科技金融结合，充分用好贷款贴息、科技保险等政策，推动产业引导资金、创投机构等进入相关项目，积极运用市场机制支持科技创新。

撰稿：龙金光　郑佳欣　黄叙浩

侯永志：
打造创新发展高地 在关键领域实现突破

“与东京湾区、纽约湾区、旧金山湾区相比，粤港澳大湾区有着明显的地域特征，这要求我们在开展湾区共性研究的同时，需格外注重粤港澳大湾区的中国特色。”国务院发展研究中心发展战略和区域经济研究部部长侯永志表示，在接下来的建设过程中，要进一步明确并突出粤港澳大湾区的中国特色，打造具有中国特色的湾区经济，服务中国现代化战略，为世界贡献中国方案与动力，具有重要的现实意义。

侯永志表示，面向未来，在粤港澳大湾区接下来的建设进程中，要围绕中国现代化所需要的高端制造业展开合作，引领发展新高度。

服务现代化战略总布局 展现中国特色

问：对标东京湾区、纽约湾区、旧金山湾区，粤港澳大湾区如何发挥自身优势，打造国际一流湾区？

侯永志：当今世界，发展条件最好的、竞争力最强的城市群，都集中在沿海湾区。湾区已成为带动全球经济发展的重要增长极和引领技术变革的领头羊。从经济总量等指标看，粤港澳大湾区是与美国纽约湾区、旧金山湾区和日本东京湾区比肩的世界四大湾区之一，应当成为国家建设世界级城市群和参与全球竞争的重要空间载体。因此，当前提出建设粤港澳大湾区的战略，是国家现代化战略总体布局中的重要一步。

从全球范围来看，影响力较大的纽约湾区、旧金山湾区和东京湾区都因为在对内对外联系中发挥着重要的作用而成为人才、资金、创新等要素的聚集地，在本国甚至是全球的发展中扮演着重要的角色。粤港澳大湾区地理位置优越、经济活力强、创新能力突出，与全球的湾区经济相似。与三大世界级湾区相比，粤港澳大湾区在面积、人口和经济规模等方面有较大优势。在地域面积上，粤港澳大湾区总面积有5.6万平方公里，远超过东京湾区、旧金山湾区以及纽约湾区。在人口规模上，粤港澳大湾区人口规模约7000万。在经济总量上，2017年粤港澳大湾区11城的地区生产总值首次突破10万亿元，折合成美元超过1.5万亿，位居东京湾区之后，超过纽约湾区和旧金山湾区。其中，深圳、香港和广州三个城市的地区生产总值均突破2万亿元人民币。在港口集装箱吞吐量和机场旅客吞吐量方面，粤港澳大湾区已经大大超过其他三个世界级湾区。

与东京湾区、纽约湾区、旧金山湾区相比，粤港澳大湾区有着明显的地域特征，这要求我们在开展湾区共性研究的同时，需格外注重粤港澳大湾区的中国特色。粤港澳大湾区发展合作的中国特色，主要包括以下几点：一是要服务国家现代化战略总布局；二是要与周边地区实现共同发展繁荣；三是要在规划和市场共同作用下实现内部深度分工的区域合作；四是要建成和谐而又有活力、相互竞逐而又能实现社会团结的地区。我们要看到，在经过改革开放以来40年的高速增长之后，中国的经济发展步入新常态，如何推动供给侧结构性改革，进一步实现转型发展，成为当前所处发展阶段的核心问题。粤港澳大湾区由区域合作上升为国家战略，其目的在于强调粤港澳大湾区的建设应服务于国家的现代化战略总布局。

政府和市场通力协作 加速大湾区建设

问：《规划纲要》提出，坚持极点带动、轴带支撑、辐射周边，推动大中小城市合理分工、功能互补。如何推动粤港澳大湾区城市之间的合理分工和功能互补?

侯永志：粤港澳大湾区要在规划和市场共同作用下实现内部深度分工，可以从几个方面入手：

一是强调规划引领作用。中央高度重视粤港澳大湾区的建设，制定发展战略，明确发展规划，从总体高度设计空间发展架构，对各方利益进行调整，推动大湾区内各城市合理分工、功能互补，提高区域发展协调性，促进各地区融合发展，构建结构科学、集约高效的大湾区发展格局。

二是建立政府和市场的通力协作机制。世界著名湾区在发展过程中都建立了政府和市场通力协作机制，在充分发挥市场活力的同时，政府在营造良好的营商环境、消除行政壁垒、保护知识产权、完善法律法规、建立服务平台、推动基础研究等方面也发挥了重要作用。

三是注重对大湾区内部各城市的统筹协调。湾区经济非常需要一个共同的机构来进行统筹规划和协调管理，只有这样才能降低合作成本，提高合作效益，实现共赢的目标。尤其是在像粤港澳大湾区这种“一国两制三关口”的特殊地域，对于协调机构的需求更为迫切。应该设立高效的规划部门，对各方利益进行调整，确保建设方案的有序推进。

我们要认识到，粤港澳大湾区的建设依托于湾区内各城市、地区自身高质量的发展，更有赖于各城市地区之间彼此合作、相互促进格局的形成。一方面，大湾区内部各城市、地区立足地区本身的比较优势，充分释放了地区发展活力，实现本地区的高质量发展，各城市地区之间互相竞逐，激发湾区内部的发展活力。另一方面，在粤港澳大湾区的建设过程中，强调对各城市地区统一部署，实现各城市地区之间的分工协作、相互促进的格局，形成和谐共存、社会团结的城市群发展局面。

打造创新发展高地　在关键领域实现突破

问：建设国际科技创新中心，是《规划纲要》的重要内容之一。建设具有中国特色的粤港澳大湾区，如何在创新驱动上发力？

侯永志：创新是实现中国经济长期持续、稳定发展的根本基础，也是有效应对未来各种外部挑战的根本基础。中国是发展中的人口大国，国家现代化所需要的核心和关键技术必须立足于自身的创新、创造和发明。“二战”以后的世界经济发展史告诉我们，在关键和核心技术领域，只有依靠自己的力量进行创新、创造和发明，才能在经济科技发展领域具有话语权和主动权。要切实增强自主创新的紧迫感，将粤港澳大湾区打造成为中国创新发展的高地，推动科学技术进步，加快自主创新的步伐。

我们要充分利用好粤港澳大湾区已有的良好创新基础。粤港澳大湾区一直将创新、开放作为发展的根本动力和基本途径，集聚了大量国内外创新人才、创新企业等高端要素，形成了良好的创新生态环境，是我国的科技创新中心，具有加快创新发展、开放发展的良好基础和条件。在新的形势下，粤港澳大湾区创新发展的迫切性更强，在国家创新体系中的作用更大，应继续扮演好我国创新的引擎和高地、开放的窗口和标杆，以更加坚实的步伐走好开放、创新之路。

我们还要在粤港澳大湾区的建设中积极吸引和对接国内国外的优秀资源。吸引国内国外优秀人才聚集粤港澳大湾区，实施好港澳居民证件便利化、进一步便利港澳居民到内地创业就业、大幅降低粤港澳通信漫游费用等政策措施。要积极吸引和对接全球创新资源，建设“广州—深圳—香港—澳门”科技创新走廊，打造大湾区国际科技创新中心。

配置全球资源　成为新经济发展策源地

问：《规划纲要》提出，加快发展先进制造业和现代服务业，瞄准国际先进标准提高产业发展水平，促进产业优势互补、紧密协作、联动发展，培育若干世界级产业集群。对标世界级湾区，粤港澳大湾区应该在哪些方面加快产业布局？

侯永志：在主要产业方面，粤港澳大湾区的主要产业是金融、航运、互联网、电子、高新技术与旅游，东京湾区的主要产业是钢铁、石化、物流、装备制造和高新技术，旧金山湾区的主要产业是电子、互联网、生物、高科技，纽约湾区的主要产业是金融、航运、计算机。可以说，东京湾区是产业湾区，旧金山湾区是高科技湾区，纽约湾区是金融湾区。粤港澳大湾区在未来的发展过程中，如何从全球的角度予以定位，需要进一步探索。

我认为，建设具有中国特色的粤港澳大湾区，要适应国家发展的需要，发展高端制造业，提高中国在全球价值链中的地位。国内外发展的历史经验昭示我们，国民经济持续、稳定发展的关键在于构建现代化经济体系。一个国家在全球价值链中的地位高低，往往决定着这个国家发展主动权的大小。我们要赢得发展的主动权，必须发展高端制造业，抢占全球战略、产业链的制高点，不断实现中国在全球价值链上的攀升。

同时，要充分利用粤港澳大湾区制造业基础，围绕中国现代化的需要展开合作。在粤港澳大湾区以往的产业分工中，港澳成为珠三角制造业的生产性服务中心，珠三角成为世界工厂、全球制造业基地。过去40年的发展，中国以速度和规模著称于世，珠三角是中国速度和中国规模的典型代表。面向未来，在大湾区接下来的建设进程中，要围绕中国现代化所需要的高端制造业展开合作，引领发展新高度。中国要提升在全球发展中的地位、能力、影响，需要从发展的规模、速度走向发展的品质、高度，粤港澳大湾区应成为引领这种转变的核心区域。为此，粤港澳大湾区应加强内部合作，在经济方面要注重集聚高端要素、占领产业链高端，强化全球资源配置能力，成为新经济发展策源地。

撰稿：郑佳欣　龙金光　黄叙浩

张燕：
发挥各城市比较优势
推动国际一流湾区建设

“把粤港澳大湾区建成发展活力充沛、创新能力突出、产业结构优化、要素流动顺畅、生态环境优美的国际一流湾区和世界级城市群，必须有一个结构科学、集约高效的发展格局作强力支撑。”国家发展和改革委员会国土开发与地区经济研究所副研究员张燕表示。作为城市与区域经济研究的专家，张燕参加过国内多个区域战略规划、城市群发展规划的制定工作，他从区域发展战略的角度对《规划纲要》展开解读。

他表示，要通过对城市功能进行合理错位分工，更好地发挥不同城市的比较优势，促进珠三角九市与港澳地区协调联动发展，把粤港澳大湾区作为一个整体，进一步提升创新力、综合竞争力，从而推动粤港澳大湾区建设迈向新的阶段。

谈空间布局
把粤港澳大湾区作为一个整体提升综合竞争力

问：党的十八大以来，中央先后谋划推出了一批重大区域发展战略。《规划纲要》也已正式对外公布。我们应该如何正确理解粤港澳大湾区的重要意义，粤港澳大湾区相比其他区域发展战略有何特殊意义？

张燕：其实每一项国家重大区域战略的提出都有其背景及独特内涵。建设粤港澳大湾区既是新时代推动形成全面开放新格局的新尝试，也是推动“一国两制”事业发展的新实践，这是整个《规划纲要》的核心要义。在《规划纲要》关于粤港澳大湾区的战略定位、空间布局和重点任务中，我们都能看到粤港澳大湾区在国家经济发展和对外开放格局中的重要地位，看到支持香港、澳门融入国家发展大局的影子。推进粤港澳大湾区建设有利于丰富“一国两制”实践，保持港澳长期繁荣稳定；有利于促进更高水平的对外开放，提升大湾区的经济创新力和国际竞争力；有利于促进高质量发展，成为引领全国高质量发展的重要动力源；有利于探索解决粤港澳三地长期发展过程中积累的一些深层次问题，持续增进粤港澳三地民生福祉，解决一系列老百姓最关心的问题。我们应该深刻领会和准确把握中央的战略意图，从中华民族伟大复兴的战略高度和历史发展的经验中深化对粤港澳大湾区建设重大意义的认识。

问：我们留意到，《规划纲要》对粤港澳大湾区的空间布局进行了全面规划，提出要“坚持极点带动、轴带支撑、辐射周边，推动大中小城市合理分工、功能互补”。作为研究区域经济的专家，你怎么解读这种顶层设计背后的内涵？

张燕：把粤港澳大湾区建成发展活力充沛、创新能力突出、产业结构优化、要素流动顺畅、生态环境优美的国际一流湾区和世界级城市群，必须有一个结构科学、集约高效的发展格局作强力支撑。粤港澳大湾区建设在空间布局上，通过极点带动、轴带支撑和辐射周边，就勾勒出了大湾区网络化的空间形态和组织关系，能够推动大中小城市合理分工、功能互补，增强城市之间的协调联动性。

纵观世界级一流湾区和城市群，都有自己的核心极点城市，发挥对资源要素的枢纽配置作用，兼具要素集聚与扩散功能，不同城市在湾区之中都各有侧重，发挥着综合性或专业特色的功能作用。其中，核心极点发挥着引领产业创新发展的作用，有力带动整个湾区或城市群发展，粤港澳大湾区的极点同样发挥着类似的功能作用。值得引起关注的是，粤港澳大湾区的极点不是单一城市，而是香港—深圳、广州—佛山、澳门—珠海强强联合形成的联合体。

在区域经济发展中，依托大江大河或重要交通干线将沿线重要城市联系起来，促进经济要素向沿线地区集聚，便形成了发展轴带，轴带是区域经济发展的重要形态，也是优化区域生产力布局的有力支撑。轴带上的重要城市，可以是中心城市，也可以是节点城市，这些城市影响力的强弱、城市势能的高低取决于城市的功能作用，包括综合性功能、专业化功能等。

我们可以看到，《规划纲要》对于香港、澳门、广州、深圳等城市的发展方向和定位，都有明确的部署安排。一方面，我们要考虑到粤港澳大湾区各个城市的发展现状，充分认识到不同城市在科技创新能力、产业发展基础、城市建设管理、资源禀赋以及城市知名度、影响力等方面都存在差异，对于每个城市，既要发挥比较优势，进一步提升长处，也要看到差距，加快弥补短板，还要顺应新时代、新趋势、新要求，积极培育新优势、新动能、新功能和新经济增长点。另一方面，要在差异、特色化发展的基础上，注重城市功能合理错位分工，进一步增强不同城市之间发展的协调联动性，通过深度合作，积极拓展港澳与内地的双向开放空间，促进优势互补、取长补短，更好地把粤港澳大湾区作为一个整体，共同提升经济创新力和动态竞争力，从而推动粤港澳大湾区建设迈向新的发展阶段，打造高质量发展的典范，使之成为引领全国高质量发展的重要动力源。

此外，要在更大区域视角上理解“辐射周边”的含义，即应积极拓展粤港澳大湾区的发展空间和辐射带动范围，增强空间布局的开放性，既要辐射带动粤东西北地区发展，还要辐射泛珠三角更大区域范围内的合作发展，以及联动全国其他地区协作发展，特别是要落实《中共中央 国务院关于建立更加有效的区域协调发展新机制的意见》的部署要求，推动建立区域战略统筹机制，促进粤港澳大湾区建设与其他国家重大区域战略融合发展。

谈科技创新
科技成果转化需要更多市场力量推动

问：粤港澳大湾区要打造具有全球影响力的国际科技创新中心，建成全球科技创新高地和新兴产业重要策源地。《规划纲要》提出要推进“广州—深圳—香港—澳门”科技创新走廊建设。如何加快推动这一科技创新走廊的建设？

张燕：《规划纲要》的亮点很多，建设国际科技创新中心便是其中之一，这也是粤港澳大湾区建设的首要任务，是打造国际一流湾区的重要支撑。应该说，纵观国内外发展大势，推动大湾区建设国际科技创新中心，符合当今世界发展潮流，能够更好地推动香港、澳门融入国家创新体系，有利于更好利用香港、澳门在科技研发、服务经济和对外开放等方面的优势条件，通过港澳平台积极吸引、对接和汇聚全球创新资源，也有利于更好地发挥广东的产业集群与创新优势，持续推动产业创新升级。

其中，《规划纲要》提出的建设“广州—深圳—香港—澳门”科技创新走廊，是粤港澳国际科技创新中心建设的核心平台和关键支撑。广深港澳科技创新走廊的提出，充分考虑到了香港、澳门、广州、深圳强有力的创新基础、条件与能力，特别是创新走廊沿线布局有科技城、科学城、高新区、高技术产业基地等一大批有影响力的创新平台和载体，这些平台和载体将在科技创新方面发挥核心引领作用。下一步，广深港澳合作推动科技创新走廊建设，我想至少要把握几个方面的重点：一是强化政策创新，破除制约创新要素流动的体制机制障碍，更好汇聚人才、资金、技术、信息等创新要素，既要促进粤港澳三地内部的创新要素高效便捷流动，也要积极吸引全球各类创新要素资源；二是做大做优做强科技城、科学城、高新区、高新技术产业基地等产业创新发展平台和载体，应有新谋划、新布局、新举措，在原始技术创新、企业创新、产业创新和研发成果转化等方面狠下功夫；三是对标和借鉴国际一流湾区的先进创新发展模式，协同推动创新体系、产业体系和营商环境建设，推动构建具有国际竞争力和影响力的创新发展新生态，打造创新发展共同体。

问：由于一些客观存在的原因，粤港澳大湾区的科技成果转化率与世界其他知名湾区相比，仍存在一定差距。

张燕：这与我们所处的发展阶段有关系，我们既要承认差距，在提高科技研发成果转化率上继续多做工作，也要认识到我们积蓄了力量，有一个厚积薄发的过程。科技创新成果的转化需要更多市场力量来推动。如何鼓励和引导科研机构更多地通过市场机制作用发挥参与到成果转化过程中，这很重要。未来可以推动各类科技研发主体、制造企业、金融机构等深度对接合作，在这个过程中要发挥各类市场主体的主导作用，既要有系统性的路径设计，也要有针对具体科研成果转化的“一对一”方案，加快贯通要素链、产业链和政策链，促进创新链、资金链、产业链和政策链深度融合，全产业链链条打通之后，科技研发成果转化就会有一个很好的输出渠道。此外，当然也要更好地发挥政府作用，减少不必要的行政干预，积极打造法治化、国际化、便利化的高品质营商环境，在知识产权保护、创新资源汇聚、信用体系建设、国际市场规则对接等方面创造更好的市场环境。

谈区域协调
争取发挥政策的叠加效应、共振效应

问：当前，广东正在构建“一核一带一区”区域发展格局。广东如何把握粤港澳大湾区建设的大机遇，推动“一核一带一区”全面对接大湾区、融入大湾区，加快推动区域协调发展？

张燕：我也关注到了广东正在推动的“一核一带一区”区域发展新格局。2018年11月，中共中央、国务院出台了《关于建立更加有效的区域协调发展新机制的意见》。按照我的理解，广东的“一核一带一区”区域发展新格局，就是对建立更加有效的区域协调发展新机制的有益尝试和创新探索。广东要把粤港澳大湾区建设作为“总抓手”，通过粤港澳大湾区的建设带动其他相关区域发展战略实施，协调好一核、一带、一区之间的生产力布局关系，全面构建新时代广东区域协调发展新格局。《规划纲要》也提到，要发挥粤港澳大湾区辐射引领作用，统筹珠三角九市与粤东西北地区生产力布局，带动周边地区加快发展，广东各市县应在粤港澳大湾区建设和“一核一带一区”区域发展新格局中谋划新定位、新功能，争取有新作为、新贡献。从广东的实际来看，其内部差异较大，粤东粤西沿海经济带和粤北生态区的建设，可以作为粤港澳大湾区的腹地和配套支撑，通过战略融合发展，促进比较优势发挥，逐步缩小内部区域发展差距。因此，要增加战略政策之间的衔接、配套和相互支撑，争取发挥战略政策的叠加效应、共振效应。

同时，要紧扣高质量发展、完善改革开放空间布局的要求，区域发展战略融合还体现在服务高质量发展、服务新一轮更高水平的对外开放，服务中国更好地融入全球经济体系。广东在协调实施中央和地方区域发展战略时，要进一步处理好发挥好市场配置资源的决定性作用与更好地发挥政府作用之间的关系。广东尤其是珠三角地区的市场化程度高、国际化水平领先、市场配置资源作用强，市场作用力量需进一步强化，面向全球配置资源，用深化改革和更加开放的视角来推动落实区域战略实施。

问：当前，广东兴起了学习贯彻《规划纲要》的热潮。在粤港澳大湾区建设起步阶段，广东如何重点发力，开好头、起好步？

张燕：粤港澳大湾区建设的定位、目标和任务实现，有赖于重大平台载体、重点项目和重要政策举措的支撑落地。广东在改革开放、在高质量发展中积累了很多先行一步的优势，这为大湾区建设奠定了很好的基础。从工作层面看，广东在粤港澳大湾区建设总的开局，应围绕《规划纲要》提出的目标任务，深化与港澳合作，先期谋划推出一批有基础、看得见、摸得着、可落地的重大平台、重点项目和政策措施。在这个过程中，全省上下要率先建立健全推动粤港澳大湾区建设的协调机制，按照中央决策部署，落实协调好各项工作，这方面我关注到广东省市层面已经做了很多工作，下一步在前期工作基础上可以进一步强化，特别是要为规划任务实施提前做好充分准备。其次就是谋篇布局，既要抓重点、抓要点，也要兼顾各个方面，充分激发各方面力量参与大湾区建设的积极性，扎实推进一些标志性、有重大引领和示范带动作用的重大项目、合作平台建设，实施一批强有力的政策举措，率先取得点上的突破，以点及面，要让粤港澳三地民众持续切实感受到、享受到大湾区建设带来的变化和成果。当然，粤港澳大湾区建设是一项长期性、系统性的伟大事业，要继续发扬广东锐意改革、敢为人先的创新精神，稳扎稳打推进各项工作，源源不断集聚新优势、新动能，不断拓展发展新空间，相信大湾区建设的蓝图必将在实实在在的行动中转化为我们身边看得见、摸得着的现实。

撰稿：黄叙浩　郑佳欣　龙金光